「日本語能力試験」対策

日本語総まとめ N2

NIHONGO SO-MATOME

佐々木仁子
松本紀子

漢字

かんじ

漢字 Kanji 汉字 한자

ask PUBLISHING

はじめに

この本は
- ▶新しい「日本語能力試験」N２合格を目指す人
- ▶中級を終えて中級の漢字の復習をしたい人
- ▶日常生活で役立つ漢字を勉強したい人

のための漢字学習書です。

◆この本の特長◆

- ・よく見る表示や文書などを使って、漢字と漢字で書く言葉を勉強します。
- ・１日 14 ～ 15 字、８週間で 739 字、約 2,200 語を学びます。
- ・「言語知識（文字・語彙）」だけでなく、「読解」の試験でも役立つ漢字力が身につきます。
- ・１週間に１回分、テストがついているので、理解の確認ができます。
- ・英語・中国語・韓国語の訳がついているので一人でも勉強できます。

この本で覚える漢字は、毎日どこかで見る漢字ばかりです。
楽しく勉強していきましょう。

2010年4月

佐々木仁子・松本紀子

This kanji study book is for:
- those who are seriously studying for the new JLPT Level N2,
- those who have completed the intermediate level and wish to review the kanjis at that level,
- those who wish to learn useful daily kanjis.

The special features of this book
- You will study kanjis and words composed of kanjis through being exposed to many common signs and sentences,
- You will learn 14 or 15 kanjis a day, and a total of 739 kanjis and approximately 2,200 words in 8 weeks,
- You will learn not only " language knowledge" (kanjis and vocabulary), but kanji skills which will be useful in reading section of the test,
- The inclusion of a weekly test will enable you to regularly check your learning,
- The English, Chinese, and Korean translations will enable you to study alone.

The kanjis in this book are all useful and regularly used in daily life.
Let's enjoy learning!

此书是专为以下学习者设计的汉字辅导书：
- ·希望能通过新的“日语能力考试”N2 的人
- ·中级已学完，希望复习中级汉字的人
- ·希望学习在日常生活中有用汉字的人

◆此书的特长◆
- ·运用经常能看到的标志或文书，学习汉字及通过汉字学习书面表达。
- ·1 天 14 ～ 15 个字，8 周时间学习 739 个字，2,200 个词汇。
- ·不仅能掌握“言语知识（文字、词汇）”，还能通过提高汉字能力，利于“读解”考试。
- ·1 周附有 1 回考试，能确认理解程度。
- ·因为附有英语、汉语、韩语的翻译，有利于自学。

通过此书记住的汉字，全都是每天都会在什么地方看到的汉字。
让我们轻松快乐地学习吧。

이 책은
- ·새로운「일본어 능력 시험」N 2 합격을 목표로 하는 사람
- ·중급을 마치고 중급의 한자를 복습하고 싶은 사람
- ·일상 생활에 도움이 되는 한자를 공부하고 싶은 사람

을 위한 한자 학습서입니다.

◆이 책의 특징◆
- · 자주 보는 표시나 문자등을 사용해 한자와 한자로 쓰는 말을 공부합니다.
- · 하루 14 ~ 15 자, 8 주 동안에 739 자, 2,200 어를 배웁니다.
- ·「언어 지식 (문자 · 어휘)」만이 아니라,「독해」시험에서도 도움이 되는 한자력이 몸세 뱁니다.
- · 1 주에 1 회분, 시험이 달려 있기 때문에 이해를 확인할 수 있습니나.
- · 영어 · 중국어 · 한국어의 번역이 달려 있어 혼자서도 공부할 수 있습니다.

이 책에서 외운 한자는 매일 어딘가에서 보는 한자뿐입니다.
즐겁게 공부해 갑시다.

目次

新しい「日本語能力試験」N2について

About the new Japanese-Language Proficiency Test (JLPT) Level N2　关于新的"日语能力考试"N2　신「일본어 능력시험」N2 에 대해서

※この内容は、『新しい「日本語能力試験」ガイドブック概要版と問題例集 N1, N2, N3 編』（独立行政法人国際交流基金、財団法人 日本国際教育支援協会）の情報をもとに作成しています。

試験日

年2回（7月と12月の初旬の日曜日）

レベルと認定の目安

レベルが4段階（1級～4級）から5段階（N1 ～ N5）になりました。

2級 → **N2** 旧試験の2級とほぼ同じレベル

N2の認定の目安は、「日常的な場面で使われる日本語の理解に加え、より幅広い場面で使われる日本語をある程度理解することができる」です。

試験科目と試験時間

N2	言語知識（文字・語彙・文法）・読解	聴解
	（105分）	（50分）

合否の判定

「得点区分別得点」と、それらを合計した「総合得点」の二つで合否判定を行います。
得点区分ごとに基準点が設けられており、一つでも基準点に達していない場合は、総合得点が高くても不合格になります。

N2	言語知識（文字・語彙・文法）	読解	聴解
0 ～ 180点	0 ～ 60点	0 ～ 60点	0 ～ 60点

総合得点（0 ～ 180点）　得点区分（言語知識・読解・聴解）　得点の範囲（各0 ～ 60点）

N2「文字」の問題構成と問題形式

大問		小問数	ねらい
漢字読み	◇	5	漢字で書かれた語の読み方を問う
表記	◇	5	ひらがなで書かれた語が、漢字でどのように書かれるかを問う

◇旧試験の問題形式を引き継いでいるが、形式に部分的な変更があるもの

〈漢字読み〉の問題

＿＿＿の言葉の読み方として最もよいものを、1・2・3・4から一つ選びなさい。

例）貧しい国の子どもたちに、ワクチンを贈る活動をしている。

1　まずしい　　2　きびしい　　3　けわしい　　4　はげしい

● ② ③ ④

〈表記〉の問題

＿＿＿の言葉を漢字で書くとき、最もよいものを1・2・3・4から一つ選びなさい。

例）紙の本が電子書籍よりすぐれているところは何でしょうか。

1　超れて　　2　恵れて　　3　秀れて　　4　優れて

① ② ③ ●

試験日、実施地、出願の手続きのしかたなど、新しい「日本語能力試験」の詳しい情報は、日本語能力試験のホームページ http://www.jlpt.jp をご参照ください。

この本の使い方

◆本書は、第１週～第８週までの８週間で勉強します。日常生活でよく見る表示や看板から始めて、ニュースや新聞まで徐々にレベルアップしていきます。

This book is meant to be used as an eight-week study guide. Your Japanese ability will improve steadily as you study everything, from signs and advertisements found in daily life to TV news and newspapers.

本书从第 1 周到第 8 周共需要 8 周时间学习。从日常生活中常见的标示和招牌开始，再到新闻和报纸，逐渐提升难度。

본서는 , 제 1 주 ~ 제 8 주로 8 주간 공부합니다 . 일상생활에서 자주 보는 표시나 간판을 비롯하여 , 뉴스나 신문까지 서서히 레벨업해 갑니다 .

◆本書は日本語能力試験Ｎ２のレベルより高い語彙でも、実用性の高いものは紹介しています。

This book introduces some practical words beyond JLPT Level N2.

在本书中，也介绍了一些虽超出了日语能力考试 N2 的水平，但实用性强的词汇。

본서는 일본어 능력시험 N 2 의 레벨보다 높은 어휘라도 실용성이 높은 것은 소개하고 있습니다 .

◇まず、ここに書いてある字が読めるかどうか、試してみましょう。難しい表現の解説は別冊「解答・解説」に書いてあります。

First, try to see if you can read the kanjis on this page. Explanations of the more difficult expressions can be found in the removable "*Kaitoo/Kaisetsu*" booklet.

首先，请试试看会不会读这里出现的字。较难表达方式的解说在附刊的"解答 · 解说"中。

우선 , 여기에 쓰여 있는 글자를 읽을 수 있는지 없는지시험해 봅시다 . 어려운 표현의 해설은 별책「해답 · 해설」에 쓰여 있습니다 .

◇１字１字、読みや漢字語の意味を確認しましょう。

Check the readings and meanings of the kanjis one by one.

请 1 个字 1 个字地确认读法和汉字词的意思。

한 자 한 자 , 읽기나 한자어의 의미를 확인합시다 .

◇「練習」で上の学習項目を理解したか、チェックしてみましょう。

Using the '*Renshuu*' section, check if you have understood the preceding study items.

「通过练习」确认是否已经理解了上面的学习条目。

" 연습 " 에서 위 학습항목을 이해했는지 체크해 봅시다 .

第５週　つかう②

3日目　家庭用品　洗剤②

Household Goods (Cleansers) ②
家庭用品（洗洁剂）②
가정용품 (세제) ②

用途および使用方法：家具、床、壁、ドアなどにスプレーし、乾いた布でふきとってください。水がしみこみやすい家具や柱などには使用できません。

400 途	10画	ト	用途	a use　用途　용도	途中	on the way, part way　途中　도중
			中途	midway/unfinished　中途　중도	途端	just as (…something happened)　刚一…时　바로 그 순간 , 하자마자
401 具	8画	グ	道具	a tool　道具　도구	具合	condition　情况　형편 , 상태
			家具	furniture　家具　가구	雨具	rain gear　雨具　우비
402 床	7画	ショウ ゆか とこ	起床	getting up　起床　기상	❶床	floor　(室内的) 地板　마루
			床屋	a barbershop　理发店　이발소		
			床の間	alcove (a place for traditional pictures and ornaments)　和式房间里为挂画和陈设装饰物品而略将地板加高的地方　일본건축에서 객실인 다다미방의 정면에 , 바닥을 한층 높여 만들어 놓은 곳 . 벽에는 족자를 걸고 , 바닥에 도자기 , 꽃병 등을 장식한다 .		
403 壁	16画	かべ	壁	wall　墙壁　벽		
404 乾	11画	カン かわ-く かわ-かす	乾電池	a dry cell battery　干电池　건전지		
			乾く	dry　干　마르다 , 건조하다	乾かす	dry something　弄…干、晒干、烤干　말리다
405 布	5画	フ ぬの	毛布	a blanket　毛毯　모포 , 담요	分布	distribution　分布　분포
			❶座布団	zabuton; square Japanese floor cushion　坐垫　방석		
			布	a cloth　布　직물		
406 柱	9画	チュウ はしら	電柱	a telegraph pole　电线杆子　전신주		
			柱	a pillar, post　柱子　기둥		

練習　正しいほうに○をつけ、文の漢字にひらがなで読みを書きなさい。

① いい天気なので（a. 毛布　b. 分布）を洗った。よく乾いた。

② この花入れは柱にかけたり、（a. 床屋　b. 床の間）に置いたりしてください。

③ 家に帰る（a. 中途　b. 途中）、コンビニに寄って、乾電池を買った。

④（a. 床　b. 壁）にカーペットをしく。

（答えは別冊 p.8）

80 ■ Week 5: Use ②

◆各週の１日目から６日目まではテーマ別の漢字・漢字語の学習です。７日目は日本語能力試験の形式をふまえた実戦問題で、その週に勉強したことを確認します。

On day one to six, you will study kanjis and kanji combinations thematically. On day seven, you will check what you have studied during the week using practice exercises modeled on the Japanese-Language Proficiency Test.

每周的第 1 天到第 6 天学习不同主题的汉字、汉字词。第 7 天是模仿日本语能力测试形式的实战问题。目的是确认本周所学过的内容。

각주의 첫째날부터 여섯째날까지는 테마별 한자 · 한자어 연습입니다. 일곱째날은 일본어능력시험 형식에 입각한 실전문제로, 그 주에 공부한 것을 확인합니다.

◆各週の最後についているコラムは、漢字について考えたり、覚えるためのヒントにしましょう。

Use the information at the end of each week's exercises as an aid for understanding and memorizing kanjis.

附在每周后面的专栏，可用来启发思考或记忆汉字。

각주의 마지막에 붙어 있는 컬럼은 한자에 대해 생각하거나, 외우기 위한 힌트로 합시다.

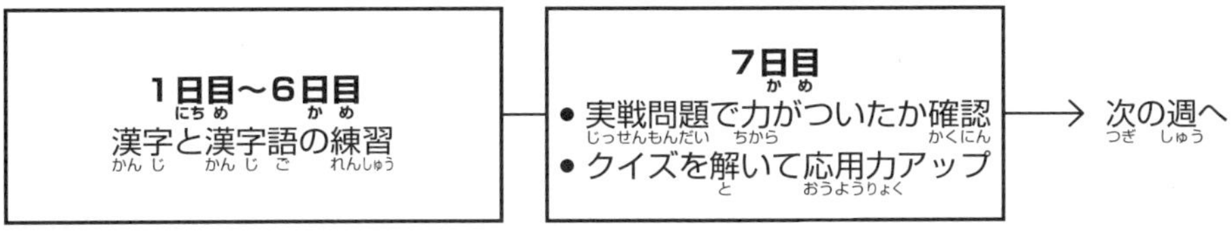

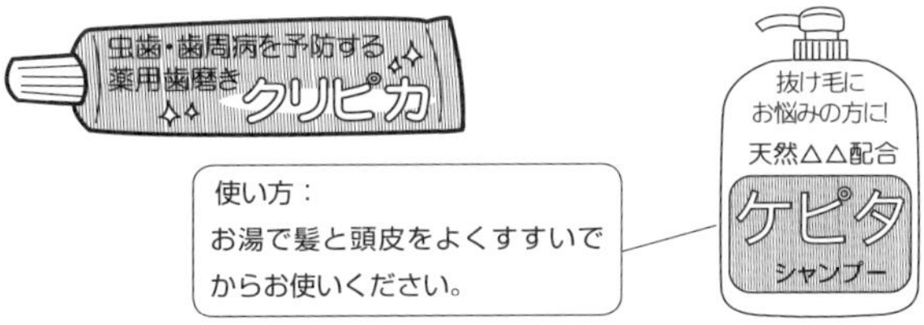

407	虫	6画	チュウ むし	防虫剤	insect repellant 防虫剂 방충제	殺虫剤	an insecticide 杀虫剂 살충제
				虫	insect 虫 벌레	虫歯	a decayed tooth 蛀牙 충치
408	歯	12画	シ は	歯科	dentistry 牙科 치과	歯周病	periodontal disease 牙周病 치주병
				歯医者	a dentist 牙医 치과 의사	歯車	a toothed wheel 齿轮 톱니바퀴
409	防	7画	ボウ ふせ-ぐ	予防	prevention/precaution 预防 예방	消防	fire fighting 消防 소방
				防止	prevention 防止 방지	❗防ぐ	prevent 防止 막다, 방지하다
410	磨	16画	みが-く	磨く	polish/brush 磨 닦다, 광을 내다	歯磨き	tooth brushing 刷牙、牙刷 양치질
411	抜	7画	バツ ぬ-く ぬ-ける	抜群	outstanding, unrivaled 出众 발군, 뛰어남 ☞群 561	抜ける	fall out, be missing 脱落 빠지다
				抜く	remove, extract, omit 抽出 뽑다, 빼내다	追い抜く	leave behind 赶过 추월하다
412	悩	10画	なや-む	悩む	worry (about something) 烦恼 고민하다	悩み	a worry, distress 烦恼 고민
413	髪	14画	かみ	髪	hair 头发 머리카락	髪の毛	a hair 头发 머리카락
				⑥白髪	white/gray hair 白发 백발		

第五週

練習 正しいほうに○をつけ、文の漢字にひらがなで読みを書きなさい。

① 歯医者で歯を（a. 抜いた　b. 抜けた）ばかりなので具合が悪い。

② 髪がぬれたままだと風邪を引くから（a. 磨いた　b. 乾かした）ほうがいいですよ。

③ 毛糸のセーターを引き出しやタンスにしまう際には、（a. 防虫剤　b. 殺虫剤）を一緒に入れます。

④ 歯周病（a. 予防　b. 防止）によく効く歯磨きを買う。

(答えは別冊 p.8)

第5周：用②　제5주：사용하다②　■81

◇左ページと右ページは分けて勉強できるように工夫しています。一度にたくさん覚えるのが難しいときは、１日分を２日に分けて勉強するといいでしょう。

The pages on the left and the right make up one day's work. The two pages are arranged so you can study them separately. If you find it difficult to remember lots of kanjis at once, you can study the two pages over a period of two days.

专门设计为可以左右页分开学习的样式。当一次很难记住很多的时候，可以把 1 天的内容分为 2 天学习。

왼쪽 페이지와 오른쪽 페이지는 나눠서 공부할 수 있도록 고안되어 있습니다. 한번에 많이 외우는 것이 어려울 때에는 하루분을 이틀로 나누어 공부하면 됩니다.

◆問題を解いたら、必ず答え合わせをしましょう。答えは別冊「解答・解説」に書いてあります。巻末についていますので、取り外して使ってください。

After you answer the questions, check to see if your answers are correct. Answers can be found in the removable "*Kaitoo/Kaisetsu*" (Answers and Explanations) booklet attached at the back of this book.
答题后，一定要对答案。答案在附册的"解答・解説"中。附册在本书的最后，请取下来使用。
문제를 풀면 반드시 해답을 맞춰 봅시다. 답은 별책 "해답・해설"에 씌여 있습니다. 권말에 붙어 있으니 따로 떼어서 사용해 주세요.

◆「実戦問題」は、時間を計って、テストのつもりで解きましょう。制限時間内に終わらない場合も最後まで続けましょう。

When answering the "*Jissen Mondai*" (Practice Exercise), to simulate the actual test situation, please try to limit yourself to the suggested time. However, even if you run out of time, make sure you complete all the questions.
把"实战问题"当作真正的考试，计算着时间做吧。即使没能在规定的时间内完成，也要坚持到最后。
"실전문제"는 시간을 재서 시험을 보듯 풀어보세요. 제한시간 내에 끝내지 못하더라도 끝까지 풀어봅시다.

本書で使用しているマーク

漢字の通し番号（ex.「☞ 308 恋」＝308番を見てください。）

Kanji ID number　See number 308.
汉字的连续编号　请看 308 号。 308 번을 보세요.
한자의 일련번호

73 初 7画	ショ はじ-め はじ-めて はつ	初診	the first medical consultation 初诊　초진		初めて	for the first time 初次　(경험상) 처음으로
		初恋	one's first love 初恋　첫사랑	☞ 恋 308	初雪	the first snow of the season 初雪　첫눈　☞ 雪 638

総画数
Total number of strokes
总笔划数　총획수

N２では読めればいい漢字
kanjis which you are only expected to be able to read at the N2 level
在 N2 中只要会读就可以的汉字
N 2 에서는 읽을 수 있으면 되는 한자

漢字のもつ読み（カタカナ＝音読み、ひらがな＝訓読み）
※《　》は常用漢字表にないが慣用的に使われている読み。ex. 等《など》

Kanji readings (Katakana = *On-yomi* (Chinese reading), Hiragana = *Kun-yomi* (Japanese reading))
※《　》mean that the kanjis don't appear in the Joyo Kanji Chart but are frequently used (for example, 等《など》).
汉字所拥有的读法(カタカナ＝音读，ひらがな＝训读)
※《　》，是虽然常用汉字表里没有，但经常惯用的读法。如，ex. 等《など》。
한자가 가지는 의미 (가타카나 = 음독 , 히라가나 = 훈독)
※《　》는 상용한자표에는 없지만 , 관용적으로 사용되는 의미 . ex. 등《など》

❗＝特に注意してほしい読み
reading requiring particular attention
特别需要注意的读法　특히 주의해야할 읽기

特＝特別な読み　ex. 特一日
an unusual reading
特别的读法　특별한 읽기

第1週（だいしゅう）

みる①

Look and See ①

看①

보다①

1日目　立て札・注意書き（たふだ・ちゅういが）

Notices and Warnings
告示牌・标示
팻말・주의서

No.	漢字	画数	読み	語	意味	語	意味
1	禁	13画	キン	禁止（きんし）	prohibition　禁止　금지		
2	煙	13画	エン けむり	禁煙（きんえん） 煙（けむり）	no smoking　禁烟　금연 smoke　烟　연기		
3	静	14画	セイ しず-か しず-まる	安静（な）（あんせい） 静か（な）（しず）	quietly　安静　안정한 quiet　寂静　조용함	静まる（しず）	become quiet　平静下来　조용해지다
4	危	6画	キ あぶ-ない あや-うい	危機（きき） 危ない（あぶ）	a crisis　危机　위기　☞機 90 dangerous　危险　위험하다	❗危うい（あや）	dangerous / narrow　危险的　위태롭다
5	険	11画	ケン けわ-しい	危険（な）（きけん） ❗険しい（けわ）	danger　危险　위험 steep　险峻　험하다, 위태롭다		
6	関	14画	カン かか-わる	関心（かんしん） 関わる（かか）	an interest　关心　관심 have to do with　关系到　관계되다	（〜に）関する（かん）	related to　关于…的　관련하다
7	係	9画	ケイ かかり	関係（かんけい） 係（かかり）	a relation / connection　关系　관계 charge / a person in charge　担任者　담당, 관계	係員（かかりいん）	a person in charge　工作人员　담당자(계원)

練習　正しいほうに○をつけ、文の漢字にひらがなで読みを書きなさい。

①「関係者以外立ち入り禁止」

＝関係者でない人は（a. 入らなければならない　b. 入ってはいけない）

②「お静かに」＝（a. 静かにしてください　b. 静かにしてはいけません）

③「（a. 危うい　b. 危ない）ですから、下がってください。」

（答えは別冊 p.1）

8 落	12画	ラク お-ちる お-とす	転落（てんらく）	a fall 滚下 전락	落第（らくだい）	failing/repeating a course 不及格 낙제 ☞第85
			落ちる（お）	fall 落下 떨어지다	落とす（お）	drop 使落下 떨어뜨리다
9 石	5画	セキ シャク いし	落石（らくせき）	falling rocks 落石 낙석	磁石（じしゃく）	a magnet / compass 磁铁、指南针 자석 , 나침반
			石（いし）	a stone 石头 돌		
10 飛	9画	ヒ と-ぶ と-ばす	飛行場（ひこうじょう）	an airport 机场 비행장		
			飛ぶ（と）	fly 飞行 날다	飛び出す（と だ）	run out suddenly 跳出 뛰어나가다
11 駐	15画	チュウ	駐車場（ちゅうしゃじょう）	a parking lot 停车场 주차장	駐車（ちゅうしゃ）	parking 停车 주차
12 捨	11画	シャ す-てる	四捨五入（ししゃごにゅう）	round to the nearest (e.g. decimal place) 四舍五入 반올림		
			捨てる（す）	throw away 抛弃 버리다		
13 遊	12画	ユウ あそ-ぶ	遊泳（ゆうえい）	swimming 游泳 수영		
			遊ぶ（あそ）	play 玩 놀다		
14 泳	8画	エイ およ-ぐ	水泳（すいえい）	swimming 游泳 유영		
			泳ぐ（およ）	swim 游泳 수영하다		

練習 正しいほうに○をつけ、文の漢字にひらがなで読みを書きなさい。

①「スピード落とせ」＝スピードを（a. 上げろ　b. おそくしろ）

②「遊泳禁止」＝（a. ここで遊ぶべきだ　b. ここで泳いではいけない）

③「落石注意」＝（a. 石が落ちてくるかもしれない　b. 石を落としてはいけない）

④「駐車禁止」＝（a. 駐車場がない　b. 車を止めてはいけない）

（答えは別冊 p.1）

2日目　建物の中でよく見る表示

たてもの　なか　み　ひょうじ

Signs Often Seen Inside Buildings　建筑物内常见的标示　건물 안에서 자주 보는 표시

15	喫	12画	キツ	喫茶店（きっさてん）	a coffee shop 咖啡店　커피숍	喫煙所（きつえんじょ）	a smoking area 吸烟室　흡연실
16	非	8画	ヒ	非～（ひ）	non-/anti-/dis-　非～　비～	非常口（ひじょうぐち）	an emergency exit 太平门　비상구
				非常に（ひじょう）	extremely　非常　대단히		
17	御	12画	ゴ おん《お》	御～／御～（ご／お）	(honorific form)（表示尊敬、谦恭）존경，겸양，공손，친애	御手洗い（おてあらい）	a toilet　洗手间　화장실
				御中（おんちゅう）	(written on letters addressed to an organization / rather than an individual within the organization) 启、公启　귀중		
18	常	11画	ジョウ つね	日常（にちじょう）	usual/everyday　日常　일상	常識（じょうしき）	common sense 常识　상식　☞ 識 558
				常に（つね）	always　经常　항상，늘		
19	受	8画	ジュ う-ける	受験（じゅけん）	taking an examination　应试　수험		
				受ける（う）	receive　接受　받다		
20	付	5画	フ つ-ける つ-く	付近（ふきん）	vicinity　附近　부근	～付き（つ）	attached/with 附带　～딸림（부）
				受付（うけつけ）	a reception　接待处　접수	❗日付（ひづけ）	date　日期　날짜

練習 正しいほうに○をつけ、文の漢字にひらがなで読みを書きなさい。

① タバコを吸（す）う所　＝（a. 禁煙席（せき）　b. 喫煙所）

②「この（a. 付近　b. 日付）に喫茶店はありませんか。」

③「日本語は（a. 日常　b. 非常）会話ならできます。」

④ あの人は（a. 常識　b. 御中）がない。

（答えは別冊 p.1）

◆案内図（あんないず）

Guide Map
指示图 안내도

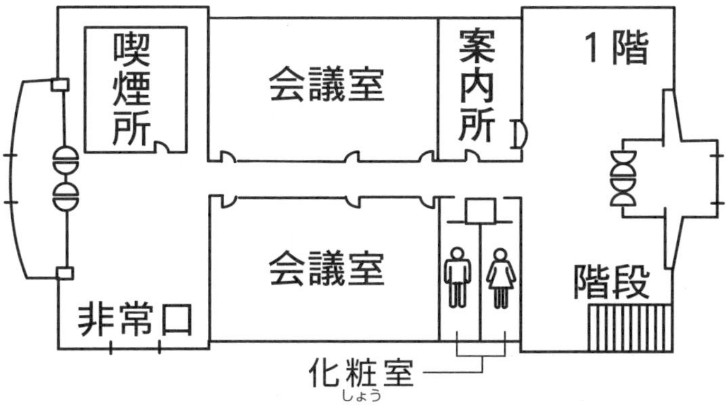

21	案	10画	アン	案内（あんない）	information 指示、向导 안내	案（あん）	a suggestion/proposal/plan 草案 안, 생각
22	内	4画	ナイ うち	以内（いない）	within 以内 이내	社内（しゃない）	within the company 公司内 사내
				～内（ない）	inside/within ～之内 ～내	内（うち）	the inside 内，里面 안, 내부
23	議	20画	ギ	会議室（かいぎしつ）	a meeting room 会议室 회의실	不思議（な）（ふしぎ）	wonderful/strange 不可思议 불가사의
				議論（ぎろん）	argument/discussion/debate ☞ 論 610 争论 의논	議員（ぎいん）	an assembly member 议员 의원
24	化	4画	カ ケ	文化（ぶんか）	culture 文化 문화	化学（かがく）	chemistry 化学 화학
				～化（か）	-ization (changing something into some-thing else) ～化 ～화	化粧室（けしょうしつ）	a powder room / a toilet 化妆室 화장실
25	階	12画	カイ	階段（かいだん）	stairs 楼梯 계단	～階（かい）	the ... floor ～楼 ～층
				段階（だんかい）	level 阶段 단계		
26	段	9画	ダン	段（だん）	a step 楼梯、段落 층계, 계단	手段（しゅだん）	a means/way 手段 수단
				一段と（いちだん）	even more 更加 한층, 더욱	石段（いしだん）	a stone step 石阶 돌계단

練習 正しいほうに○をつけ、文の漢字にひらがなで読みを書きなさい。

① A「すみません、化粧室はどこですか。」

B「はい、（a. お手洗い　b. 案内所）は、あちらでございます。」

② A「会議室はどこですか。」

B「（a. 段階　b. 階段）を上って、すぐ右です。」

③「このごろ（a. 一段と　b. 石段と）寒くなってきましたね。」

④ ベストセラーになった小説が映画（a. 化　b. 案）された。

（答えは別冊 p.1）

3日目　建物の内外でよく見る表示

たてもの　ないがい　み　ひょうじ

Signs Often Seen Inside and Outside Buildings　建筑物内外常见的标示　건물 내외에서 자주 보는 표시

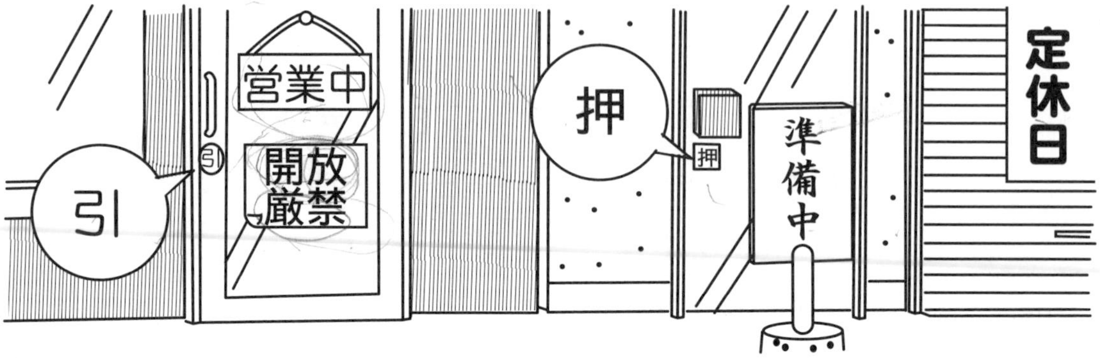

27	営	12画	エイ	営業（えいぎょう）	business　营业　영업		
28	放	8画	ホウ はな-す はな-れる	放送（ほうそう） 開放厳禁（かいほうげんきん）	a broadcast　广播　방송 don't leave ... open(strictly prohibited)　禁止打开　개방엄금	開放（かいほう） 放す（はな）	opening　开放　개방 let go　放开　풀어 놓다
29	押	8画	お-す お-さえる	押す（お） 押さえる（お）	push　按　밀다 hold down　按压　누르다	押し入れ（お　い）	a closet　日本式的壁橱　벽장
30	準	13画	ジュン	準備（じゅんび） 準急（じゅんきゅう）	preparation　准备　준비 a semi-express train　普通快车 준 급행	水準（すいじゅん） 準決勝（じゅんけっしょう）	a standard　水平　수준 semifinals　半决赛　준결승 ☞ 決156 勝685
31	備	12画	ビ そな-える	備品（びひん） 備える（そな）	an equipment　备品　비품 prepare　防备、设置、具备　비치하다	備え付け(の)（そな　つ）	furnished with / built-in　配备的　비치된
32	定	8画	テイ ジョウ	定員（ていいん） 定食（ていしょく）	capacity / allowed number of people　规定的人数　정원 a set meal　客饭　정식	定休日（ていきゅうび） 定規（じょうぎ）	set/regular holiday　公休日　정기휴일 a ruler (for measuring)　尺　자 ☞ 規153

練習 正しいほうに○をつけ、文の漢字にひらがなで読みを書きなさい。

① 「あ、（a. 準備中　b. 定休日）だ、まだ早いんだね。また後で来よう。」

② 「開放厳禁」＝（a. 開けてはいけない　b. 開けておいてはいけない）

③ A「何にする？」

B「安くて早いから（a. 定食　b. 洋食）がいいよ。」

④ うちのチームは（a. 準急　b. 準決勝）まで勝（か）ち進んだ。

（答えは別冊 p.1）

◆トイレ／エレベーター

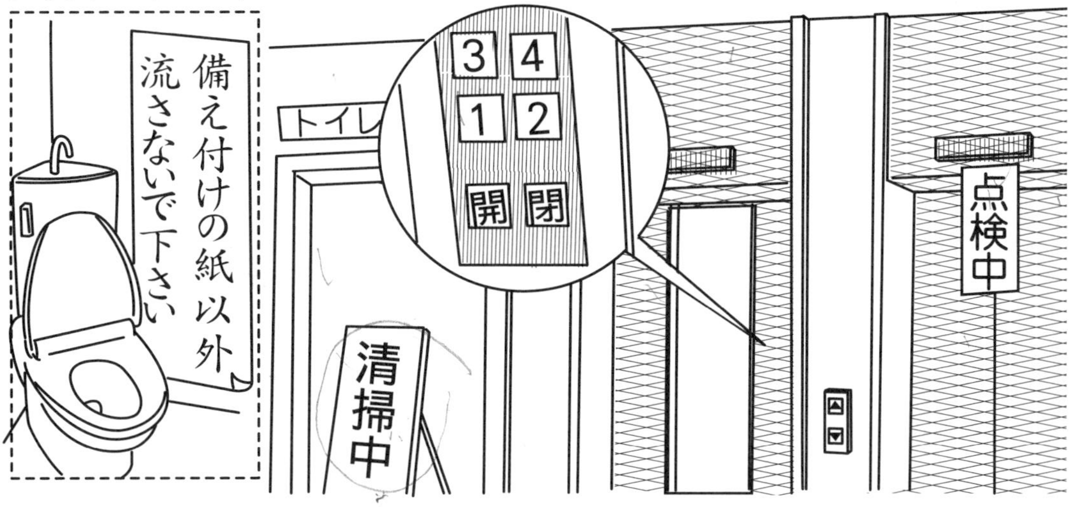

番号	漢字	画数	読み	語	意味	語	意味
33	流	10画	リュウ なが-れる なが-す	流行(りゅうこう)	fashion 流行 유행		
				流れる(なが)	flow 流 흐르다	流す(なが)	let flow (water, etc.) 使…流动 흘려 버리다
34	清	11画	セイ きよ-い	清書(せいしょ)	a clean copy 誊写 청서．정서	清流(せいりゅう) ＝清い流れ(きよ・なが)	a clear stream 清溪 맑게 흐르는 물
				清い(きよ)	clean/pure 清 깨끗하다		
35	掃	11画	ソウ は-く	清掃(せいそう)	cleaning 打扫 청소		
				掃く(は)	sweep 打扫 쓸다		
36	閉	11画	ヘイ と-じる し-める し-まる	閉会(へいかい)	closing of a meeting 闭会 폐회	閉店(へいてん)	closing of a store 关店 폐점
				閉まる(し)	shut/close 紧闭 닫히다		
				閉める(し)	shut/close ... 关闭 닫다	(口・目・本を) 閉じる(と)	shut/close ... 关闭 다물다・감다・덮다
37	点	9画	テン	点(てん)	a point 点 점	～点(てん)	... points ～分 ～점
				欠点(けってん)	a shortcoming 缺点 결점 ☞欠287		
38	検	12画	ケン	点検(てんけん)	a check / an inspection 检查 점검	検問(けんもん)	an inspection 盘问 검문

練習 正しいほうに○をつけ、文の漢字にひらがなで読みを書きなさい。

①「備え付けの紙以外、流さないでください。」

＝トイレットペーパー（a. しか　b. だけ）使えない。

②「テストをしますから、本を（a. 閉めて　b. 閉じて）ください。」

③「エレベーターは（a. 点検中　b. 検問中）ですから、階段を使ってください。」

④（a. 閉店　b. 閉会）セールを行う。

（答えは別冊 p.1）

4日目　駅(えき)でよく見(み)る表示(ひょうじ)

Signs Often Seen at the Station
车站常见的标示
역에서 자주 보는 표시

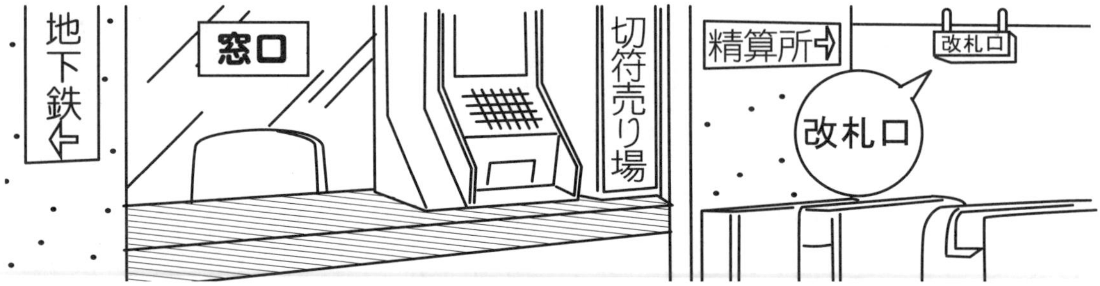

No.	漢字	画数	読み	語彙
39	鉄	13画	テツ	地下鉄(ちかてつ) the subway 地铁 지하철 / 私鉄(してつ) a private railway 私营铁路 사철
40	窓	11画	ソウ / まど	同窓会(どうそうかい) a school reunion 同学会 동창회 / 窓(まど) a window 窗户 창문 / 窓口(まどぐち) a (service) window 窗口 창구
41	符	11画	フ	切符(きっぷ) a ticket 票 표
42	精	14画	セイ	精算(せいさん) a (fare) adjustment 清算 정산 / 精神(せいしん) spirit/mind 精神、思想 정신 ☞ 神 418
43	算	14画	サン	計算(けいさん) calculation 计算 계산 / 引き算(ひきざん) subtraction 減法 뺄셈 / ❗足し算(たしざん) addition 加法 덧셈
44	改	7画	カイ / あらた-める / あらた-まる	改正(かいせい) an amendment 修改 개정 / ❗改める(あらためる) ① change 改正 고치다 ② check 检查、查 검사하다
45	札	5画	サツ / ふだ	改札口(かいさつぐち) a ticket gate 剪票口 개찰구 / 1万円札(まんえんさつ) a 10,000 yen note 1万日元纸币 1만엔 지폐 / 札(ふだ) a card 牌子 팻말

練習 正しいほうに○をつけ、文の漢字にひらがなで読みを書きなさい。

① 足りない料金を払(はら)うところ＝（a. 精算所　b. 清算所）

②「その切符では（a. 改札口　b. 自動改札）は通れませんから、駅員のいるほうを通ってください。」

③「わからないことは駅の（a. 窓口　b. 受付）で聞いてください。」

（答えは別冊 p.2）

46 **線**	15画	セン	下線（かせん） an underline 下划线 밑줄 新幹線（しんかんせん） a bullet train 新干线 신칸센	線路（せんろ） a railway track 线路 선로
47 **刻**	8画	コク きざ-む	時刻（じこく） time 时间 시각 ❗刻む（きざむ） engrave 刻上 새기다	
48 **番**	12画	バン	番号（ばんごう） number 号码 번호	～番線（ばんせん） line (platform) number ... ～号线 ～번선
49 **号**	5画	ゴウ	符号（ふごう） a symbol/sign 符号 부호 信号（しんごう） a signal 交通信号灯 신호 ☞信 150	～号車（ごうしゃ） carriage number ... ～号车 ～호차
50 **快**	7画	カイ こころよ-い	快速（かいそく） high speed 快速 쾌속 ❗快い（こころよい） pleasant 愉快 상쾌하다	
51 **速**	10画	ソク はや-い	時速（じそく） speed (per hour) 时速 시속 速い（はやい） fast 快 빠르다	早速（さっそく） at once 马上 곧
52 **路**	13画	ロ	道路（どうろ） a road 道路 도로	通路（つうろ） an aisle 走道 통로

練習 正しいほうに○をつけ、文の漢字にひらがなで読みを書きなさい。

①「今度の快速は（a. ３番線　b. ３号車）から発車します。」

②「４月から電車の時刻が（a. 改正　b. 改刻）されます。」

③「（a. 線路内　b. 道路内）に物を落としたときは、駅係員にお知らせください。」

④ ○○君は足が（a. 快い　b. 速い）。

（答えは別冊 p.2）

第1週　みる ①

5日目　乗り物でよく見る表示（のりものでよくみるひょうじ）

Signs Often Seen on Buses, Trains, etc.
在交通工具上常见的标示
탈 것에서 자주 보는 표시

53	港	12画	コウ みなと	空港（くうこう） 港（みなと）	an airport　机场　공항 a port　港口　항구		
54	由	5画	ユウ ユ	理由（りゆう） 経由（けいゆ）	a reason　理由　이유 via　经由　경유　☞ 経 218	不自由（ふじゆう）(な)	disability / inconvenience (身体某部分)残疾　부자유
55	深	11画	シン ふか-い	深夜（しんや） 深い（ふかい）	midnight 深夜　심야 deep　深　깊다	深刻（しんこく）(な)	serious　深刻　심각
56	降	10画	コウ お-りる お-ろす ふ-る	降車口（こうしゃぐち） 降りる（おりる）	an exit (for getting off) 下车的地方　하차구 get off 下来　(차 등에서) 내리다	下降（かこう） 降る（ふる）	descent/fall 下降　하강 fall 下、降 (눈・비 등이) 내리다
57	両	6画	リョウ	両親（りょうしん） 両〜（りょう）	parents　双亲、父母　부모님 both ...　双〜　양〜	両方（りょうほう） 〜両目（りょうめ）	both　双方　양방 first/second ... car 第〜节车厢(电车)　〜차량째
58	替	12画	か-える か-わる	両替（りょうがえ） ⊖為替（かわせ）	exchange of money　兑换 환전 exchange / a money order　汇兑　환	着替える（きがえる）	change one's clothes 换衣服　갈아 입다
59	賃	13画	チン	家賃（やちん）	rent　房租　집세	運賃（うんちん）	fare　运费　운임

練習 正しいほうに○をつけ、文の漢字にひらがなで読みを書きなさい。

① バスなどのおりるほう＝（a. 降車口　b. 乗車口）

② お金を細かくしたいときは（a. 両替　b. 運賃）します。

③ ○町を通って△駅へ行く＝○町（a. 経由　b. 回送）△駅行き

④（a. 深刻　b. 深夜）バスで田舎（いなか）へ帰る。

（答えは別冊 p.2）

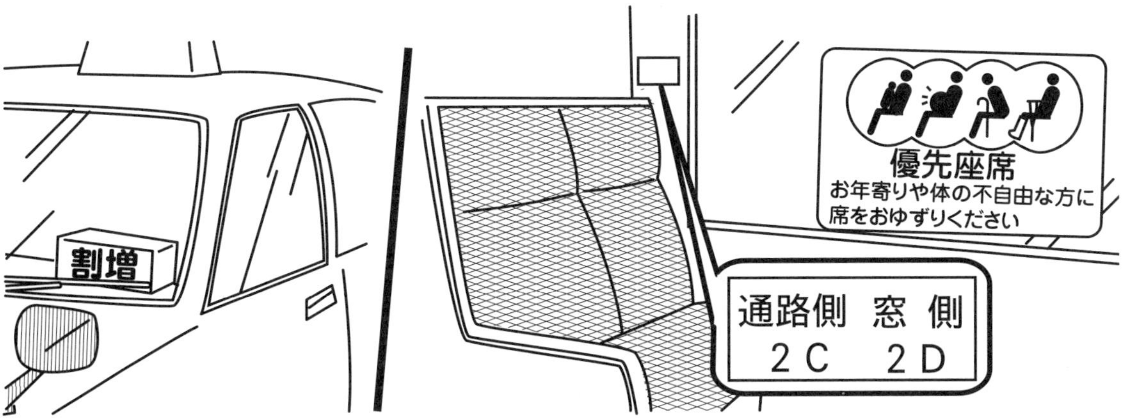

No.	漢字	画数	読み	語	意味	語	意味
60	割	12画	カツ わ-る わ-れる わり	分割（ぶんかつ）	a split / separation 分割 분할	割れる（わ）	crack/cleave 裂开 깨지다, 쪼개지다
				割引（わりびき）	a discount 折扣 할인	時間割（じかんわり）	school timetable 时间表 시간표
61	増	14画	ゾウ ふ-える ふ-やす ま-す	増加（ぞうか）	an increase 增加 증가 ☞ 加 241		
				増える（ふ）	increase 增加 늘다	割増（わりまし）	an extra (proportional increase) 加价 할증
62	優	17画	ユウ やさ-しい すぐ-れる	優先（ゆうせん）	priority 优先 우선		
				優しい（やさ）	kind 温柔 상냥하다	優れる（すぐ）	excel 出色，卓越，优秀 우수하다
63	席	10画	セキ	席（せき）	a seat 座位 자리	出席（しゅっせき）	attendance 出席 출석
				指定席（していせき）	a reserved seat 指定座位 지정석 ☞ 指 96		
64	側	11画	ソク かわ	側面（そくめん）	the side/flank 侧面 측면 ☞ 面 449		
				両側（りょうがわ）	both sides 两侧 양측	～側（がわ）	the side of ... ～侧 ～측
65	座	10画	ザ すわ-る	座席（ざせき）	a seat 座位 좌석	銀行口座（ぎんこうこうざ）	a bank account 银行账户 은행구좌
				座る（すわ）	sit 坐 앉다		
66	寄	11画	キ よ-る よ-せる	寄付（きふ）	a donation 捐赠 기부	取り寄せる（と よ）	order ... 要来 주문해서 가져오게 하다 ☞ 取 113
				立ち寄る（た よ）	drop in 顺便到 다가서다	年寄り（とし よ）	an old person 年长者 노인

練習 正しいほうに○をつけ、文の漢字にひらがなで読みを書きなさい。

① ここはお年寄りや体の不自由な方のための（a. 優先席　b. 自由席）です。

② 深夜はタクシーの運賃が（a. 割増　b. 割引）になります。

③（a. 窓側　b. 通路側）の座席は出たり入ったりしやすい。

④ これは安全性（あんぜんせい）に（a. 優れた　b. 優しい）車です。

（答えは別冊 p.2）

6日目 郵便局・病院で見る表示（ゆうびんきょく・びょういんでみるひょうじ）

Signs Seen at the Post Office or Hospital
在邮局、医院看到的标示
우체국 · 병원에서 보는 표시

◆郵便局（ゆうびんきょく）

Post Office 邮政局 우체국

番号	漢字	画数	読み	語	意味	語	意味
67	郵	11画	ユウ	郵便（ゆうびん）	mail (service) 邮件 우편	郵送（ゆうそう）	sending by post 邮寄 우송
68	局	7画	キョク	郵便局（ゆうびんきょく）	a post office 邮政局 우체국	薬局（やっきょく）	a drugstore 药店 약국
				放送局（ほうそうきょく）	a broadcasting station 广播电台 방송국		
69	貯	12画	チョ	貯金（ちょきん）	savings 储蓄 저금		
70	包	5画	ホウ つつ-む つつ-み	包帯（ほうたい）	a bandage 绷带 붕대 ☞帯 143		
				包む（つつむ）	wrap 包 싸다	小包（こづつみ）	a parcel 邮包 소포
71	達	12画	タツ	発達（はったつ）	development 发达 발달	速達（そくたつ）	a special delivery 快递 속달
				友達（ともだち）	a friend 朋友 친구		
72	際	14画	サイ	国際（こくさい）	international 国际 국제	～の際（さい）	at the time of ... ～的时候 ～때
				実際に（じっさいに）	actually 实际上 실제로 ☞実 451		

練習 正しいほうに○をつけ、文の漢字にひらがなで読みを書きなさい。

① 急ぎの手紙を（a. 小包　b. 速達）で送る。

② 国際郵便＝（a. 海外　b. 国内）へ送る郵便

③ 郵便貯金＝郵便局（a. から お金を送る　b. に お金を預（あず）ける）

④ この紙を（a. 薬局　b. 包帯）に持って行って、薬をもらってください。

（答えは別冊 p.2）

◆病院（びょういん） Hospital　医院　병원

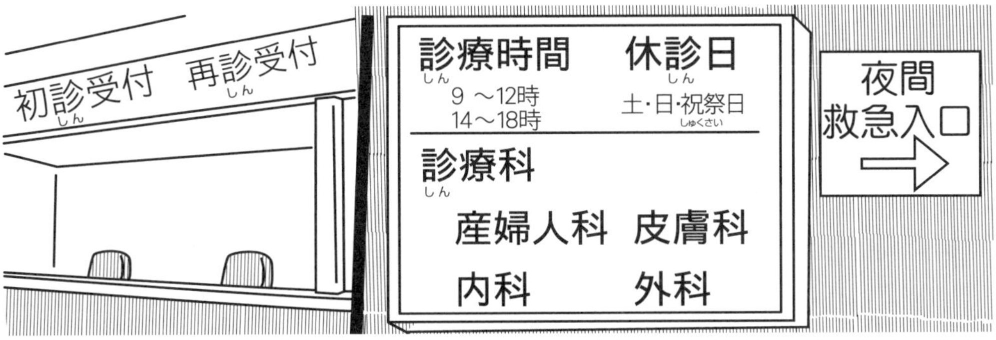

No.	漢字	画数	読み	語彙	語彙
73	初	7画	ショ はじ-め はじ-めて はつ	初診（しょしん） the first medical consultation 初诊　초진 初恋（はつこい） one's first love 初恋　첫사랑 ☞恋 308	初めて（はじ） for the first time 初次　(경험상) 처음으로 初雪（はつゆき） the first snow of the season 初雪　첫눈 ☞雪 638
74	再	6画	サイ サ ふたた-び	再診（さいしん） a follow-up medical consultation 复诊　재진 ❗再来年（さらいねん） the year after next 后年　후년	再生（さいせい） regeneration/recycling 再生　재생 再び（ふたた） again 再次　다시
75	療	17画	リョウ	診療（しんりょう） medical examination and treatment 诊疗　진료 医療（いりょう） medical treatment/service 医疗　의료	治療（ちりょう） (medical) treatment 治疗　치료 ☞治 289
76	科	9画	カ	科学（かがく） science 科学　과학 内科（ないか） internal medicine department 内科　내과	外科（げか） a surgery department 外科　외과
77	婦	11画	フ	産婦人科（さんふじんか） obstetrics and gynecology department 妇产科　산부인과 婦人（ふじん） a woman 妇女　부인	主婦（しゅふ） a housewife 主妇　주부
78	皮	5画	ヒ かわ	❗皮肉（ひにく）(な) irony/sarcasm 讽刺　빈정거림 皮（かわ） skin/peel/bark 皮　가죽	
79	膚	15画	フ	皮膚（ひふ） the skin 皮肤　피부	
80	救	11画	キュウ すく-う	救急（きゅうきゅう） first aid 急救　구급 救う（すく） save 救　구하다	

練習 正しいほうに○をつけ、文の漢字にひらがなで読みを書きなさい。

① 急病人のために、夜でも開いている入口＝（a. 夜間救急入口　b. 非常口）

② 初めて診察（しんさつ）を受けに来た人は（a. 初診　b. 再診）受付へ行く。

③（a. 科学は化学　b. 化学は科学）の一つです。

④ 手術（しゅじゅつ）は（a. 内科　b. 外科）で行います。

（答えは別冊 p.2）

7日目　実戦問題

じっせんもんだい

Practice Exercise
实战问题
실전문제

制限時間：15分
せいげんじかん
1問4点×25問

点数
てんすう
／100

（答えは別冊 p.2）

問題1　＿＿＿の言葉の読み方として最もよいものを、1・2・3・4から一つ選びなさい。

1　ここは駐車禁止です。

1　じゅうしゃ　　2　ちょうしゃ　　3　ちゅうしゃ　　4　じょうしゃ

2　チューインガムは紙に包んで捨てましょう。

1　はさんで　　2　つつんで　　3　たたんで　　4　すすんで

3　外国為替の窓口は2階です。

1　きがえ　　2　ためせ　　3　かわせ　　4　りょうがえ

4　喫煙席はあちらです。

1　きんねんせ　　2　きんえんせき　　3　きっえんせき　　4　きつえんせき

5　食堂はまだ準備中です。

1　せいび　　2　えいぎょう　　3　きゅうぎょう　　4　じゅんび

6　デパートの閉店セールに行く。

1　へいてん　　2　かいてん　　3　さいてん　　4　せいてん

7　医療関係の仕事をする。

1　ちりょう　　2　いりょう　　3　ひりょう　　4　しんりょう

8　救急車をよぶときは119に電話します。

1　きゅうきゅう　　2　きょうきゅう　　3　きゅうきょう　　4　きょうきょう

9　富士（ふじ）山に初雪が降りました。

1　はじゆき　　2　はつゆき　　3　しょゆき　　4　しょせつ

10　機械（きかい）でも精算できます。

1　しょうさん　　2　かいさん　　3　せいさん　　4　けいさん

問題2　＿＿＿の言葉を漢字で書くとき、最もよいものを1・2・3・4から一つ選びなさい。

11　このエレベーターはていいん9名です。

1　係員　　2　乗員　　3　店員　　4　定員

12 御手洗いはせいそう中です。

1 清帰　2 清掃　3 精掃　4 精帰

13 地デジほうそうというのは何ですか。

1 郵送　2 包送　3 放送　4 発送

14 この手紙はそくたつでおねがいします。

1 速達　2 配達　3 発達　4 友達

15 くうこうまでリムジンバスで行きました。

1 空港　2 航空　3 港口　4 高校

問題3　（　）に入れるのに最もよいものを、1・2・3・4から一つ選びなさい。

16 一万円（　　）を両替してくれませんか。

1 符　2 札　3 付　4 段

17 日本からの海外旅行は1964年に自由（　　）されました。

1 科　2 化　3 案　4 席

18 （　　）入国手続きをする。

1 改　2 際　3 御　4 再

19 このバスは運（　　）を先にはらいます。

1 代　2 料　3 賃　4 貸

20 1（　　）車は禁煙車です。

1 号　2 両　3 番　4 階

問題4　次の（　）に入る言葉を下から選び、漢字で書きなさい。

読み終えた新聞などは、デパートの 21（　　　　）紙(がみ)やトイレットペーパーなどに 22（　　　　）されます。ゴミとして 23（　　　　）で、リサイクルするように 24（　　　　）気をつけているという人が 25（　　　　）います。

ふえて	さいせい	つつみ	すてない	りゅうこうして	つねに	とじない

看板（かんばん）・立（た）て札（ふだ）・表示（ひょうじ）

Signboards, Notice Boards　招牌、标示　간판·팻말·표시

第１週「みる①」では、看板・立て札・表示の漢字を勉強しました。こんなものもありますね。

よめるかな？

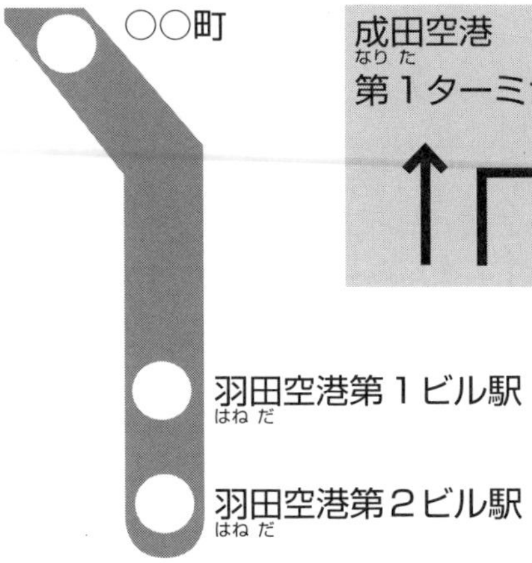

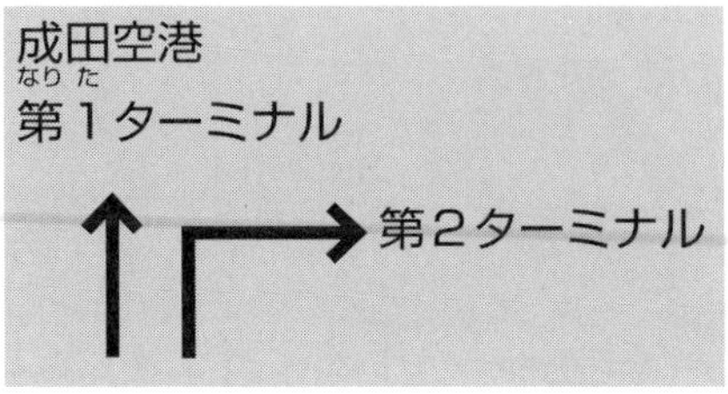

成田空港、羽田空港は空港の名前です。成田には第１ターミナル、第２ターミナルがあります。「総」は「たくさんあるものを集める」という意味があって、「総合病院」「総計」などのように使われます。

私たちのまわりには漢字がいっぱいです。楽しく勉強しましょう。

No.	漢字	画数	読み	語彙	意味	語彙	意味
81	看	9画	カン	看板（かんばん）	a signboard　招牌　간판	看病（かんびょう）	nursing　看护　간병
				看護師（かんごし）	a nurse　护理师　간호사　☞ 師 423		
82	板	8画	バン いた	黒板（こくばん）	a blackboard　黑板　칠판	案内板（あんないばん）	a notice board　通知板　안내판
				板（いた）	a board　板，木板　판자		
83	羽	6画	ウ はね は	羽毛（うもう）	feathering/down　羽毛　깃털　☞ 毛 387		
				羽（はね）	a feather　羽毛　날개	羽根（はね）	a shuttlecock　板羽球　날개　☞ 根 599
84	成	6画	セイ な-る	成分（せいぶん）	an ingredient / a constituent　成分　성분		
				成人式（せいじんしき）	a coming-of-age ceremony　成人式　성인식　☞ 式 165		
85	第	11画	ダイ	第～（だい）	number ...　第～　제～		
86	総	14画	ソウ	総合病院（そうごうびょういん）	a general hospital　综合医院　종합병원	総計（そうけい）	the total　总计　총합계

第2週

だい　しゅう

つかう①

Use ①

用①

사용하다①

1日目　自動券売機（じどうけんばいき）

Automatic Ticket Machine
自动售票机
승차권 자동판매기

普通乗車券、回数券だけでなく、新幹(かん)線の自由席券も自動券売機で買うことができます。お金を入れて、行き先、往(おう)復か片道か、枚数などのボタンを押します。

No.	漢字	画数	読み	語	意味	語	意味
87	普	12画	フ	普通（ふつう）	ordinary　普通　보통	普段(の)（ふだん）	usually　平常　평소
88	券	8画	ケン	回数券（かいすうけん）	a (book of) commuter ticket(s)　联票　회수권	乗車券（じょうしゃけん）	a (boarding) ticket　车票　승차권
				旅券（りょけん）	a passport　护照　여권	発券（はっけん）	the issue of a ticket　发行（票…等）발권
89	数	13画	スウ かず かぞ-える	数字（すうじ）	number　数字　숫자	数学（すうがく）	mathematics　数学　수학
				点数（てんすう）	score/points　分数　점수	数を数える（かず　かぞ）	count numbers　数数　수를 세다
90	機	16画	キ	飛行機（ひこうき）	an airplane　飞机　비행기	交通機関（こうつうきかん）	a means of transportation　交通机关 교통기관 ☞ 交 212
				自動券売機（じどうけんばいき）	an automatic ticket machine　自动售票机　승차권 자동판매기	危機（きき）	a crisis　危机　위기
91	復	12画	フク	復習（ふくしゅう）	a review　复习　복습	往復（おうふく）	a round trip　往返、来回 왕복
				回復（かいふく）	recovery/recuperation　来回　회복		
92	片	4画	ヘン かた	破片（はへん）	☞ 破 497	片道切符（かたみちきっぷ）	an one-way ticket　单程票　편도티켓
				片付ける（かたづ）	tidy up　收拾 정리하다	片～（かた）	one side　一个～　외～
93	枚	8画	マイ	～枚（まい）	counter for flat objects　～张　～장	枚数（まいすう）	number of (flat objects, e.g. tickets)　张数　장수

練習　正しいほうに○をつけ、文の漢字にひらがなで読みを書きなさい。

① 勉強したところを、もう一度（a. 準備　b. 復習）しましょう。

② 手袋(てぶくろ)が（a. 片方　b. 両方）しかない。どこで落としたのだろう。

③ 飛行機や電車などを交通（a. 機関　b. 関係）という。

④ 私は通学に（a. 回復　b. 往復）３時間かかります。

（答えは別冊 p.2）

定期券も自動券売機で販売していますが、指定席券は窓口で買います。回数券や定期券など発券に時間がかかるときは「発券中」という表示が出ます。「調整中」の表示があったら、しばらく使用中止です。

番号	漢字	画数	読み	語彙	意味	語彙	意味
94	期	12画	キ	期間（きかん）	a period of time 期间 기간	定期（ていき）	a fixed period of time 定期 정기
				定期券（ていきけん）	a commuter pass 月票 정기권		
95	販	11画	ハン	販売（はんばい）	selling 贩卖 판매	自動販売機（じどうはんばいき）	a vending machine 自动贩卖机 자동판매기
96	指	9画	シ ゆび さ-す	指定席（していせき）	a reserved seat 指定座位 지정석		
				指（ゆび）	a finger 指 손가락	❶指す（さす）	point 指 가리키다
97	調	15画	チョウ しら-べる	調整（ちょうせい）	an adjustment 调整 조정	調子（ちょうし）	condition 状况 （몸）상태
				調べる（しらべる）	look up something / investigate 审査 조사하다		
98	整	16画	セイ ととの-う	整理券（せいりけん）	numbered ticket (issued at cinemas, etc. indicate the order in which people may enter) 号码单 정리권		
				整備（せいび）	maintenance/overhaul 配备、调整 정비	整う（ととのう）	be tidy 齐全 준비되다
99	表	8画	ヒョウ おもて あらわ-す あらわ-れる	表（ひょう）	table (in written documents) 表 표	時刻表（じこくひょう）	a timetable 时刻表 시각표
				発表（はっぴょう）	an announcement 发表 발표		
				❶表（おもて）	surface/face 表面 앞면, 겉	表す（あらわす）	show/express 表现 나타내다
100	示	5画	ジ しめ-す	表示（ひょうじ）	indication/expression 表示 표시	指示（しじ）	an instruction 指示 지시
				掲示（けいじ）	a notice 呈现 게시	❶示す（しめす）	show / point out 出示、表现 보이다, 가리키다

練習 正しいほうに○をつけ、文の漢字にひらがなで読みを書きなさい。

① ここでは係員の（a. 指示　b. 指定）通りに駐車してください。

② この時刻（a. 表　b. 図）に電車の発車時刻が書いてあります。

③ 銀行員「（a. 回数券　b. 整理券）をお取（と）りになってお待ちください。」

④ 朝からおなかの（a. 整備　b. 調子）がよくない。

（答えは別冊 p.2 ～ 3）

２日目　現金自動支払機（げんきんじどうしはらいき）

ATM
提款机
현금자동지불기

銀行や郵便局で窓口を使わずに、現金自動支払機でお金を引き出したり、預けたりすることができます。「引き出し」「預け入れ」を「払い戻し」「預金」とも言います。また、「残高照会」で、いくらお金が残っているか調べることができます。

101	現	11画	ゲン あらわ-れる あらわ-す	現金（げんきん） 現れる（あらわ）	cash　现金　현금 appear　出现　나타나다	表現（ひょうげん）	an expression　表现　표현
102	支	4画	シ ささ-える	支店（してん） ❗支える（ささ）	a branch shop/office　分店　지점 support　支撑　떠받치다，지탱하다	支持（しじ）	support　支持　지지
103	払	5画	はら-う	払う（はら） 支払機（しはらいき）	pay / sweep away　支付　지불하다 a machine for dispensing cash　付款机　지불기	支払う（しはら）	pay　付款　지불하다
104	預	13画	ヨ あず-ける あず-かる	預金（よきん） 預ける（あず）	a deposit　存款　예금 entrust　寄存　맡기다	預かる（あず）	keep / take charge of　保管　맡다
105	戻	7画	もど-す もど-る	払い戻し（はらもど）	a refund　找还　환불	戻る（もど）	return　返回　돌아가다
106	残	10画	ザン のこ-る のこ-す	残高照会（ざんだかしょうかい） 残る（のこ）	an account balance inquiry　余额查询　잔고 조회 remain　剩余　남다	残す（のこ）	leave / leave behind　留下　남기다
107	照	13画	ショウ て-る て-らす	照明（しょうめい） 照らす（て）	illumination/light　照明　조명 light up　照耀　비추다	対照的（たいしょうてき）	being contrastive　对照的　대조적　☞対 328

練習　正しいほうに○をつけ、文の漢字にひらがなで読みを書きなさい。

① この店は（a. 照明　b. 調整）が明るくて気持ちがいい。

② 私は家族や友人に（a. 数え　b. 支え）られて生きています。

③ この日本語の（a. 言語　b. 表現）は英語で何と言いますか。

④ 銀行にお金を（a. 預ける　b. 預かる）。

（答えは別冊 p.3）

「硬貨はこちらにお入れください」「よろしければ確認ボタンを押してください」などという指示にしたがってお金を預けたり、引き出したりしますが、間違えてしまった場合は、「取り消し」ボタンを押します。

No.	漢字	画数	読み	語	意味	語	意味
108	硬	12画	コウ かた-い	硬貨（こうか）	a coin 硬币 경화		
				硬い（かた）	hard 硬的 단단하다		
109	貨	11画	カ	貨物（かもつ）	freight 货物 화물	通貨（つうか）	currency 流通的货币 통화
110	確	15画	カク たし-か たし-かめる	確定（かくてい）	determination 确定 확정	明確（な）（めいかく）	clear 明确(的) 명확(한)
				確か（な）（たし）	certain 确实 확실함	確かめる（たし）	confirm/verify 弄清 확인하다
111	認	14画	ニン みと-める	確認（かくにん）	a confirmation 确认 확인		
				認める（みと）	admit/approve 认可 인정하다		
112	違	13画	イ ちが-う ちが-える	違法（いほう）	illegal 违法 위법 ☞ 法253	違い（ちが）	a difference 差异 틀림, 차이
				間違える（まちが）	make a mistake 弄错 잘못하다	間違い（まちが）	a mistake 错误 틀림, 실수
113	取	8画	シュ と-る	取材（しゅざい）	collection of data 采访 취재 ☞ 材600		
				取る（と）	take 得到 취하다	取り消し（と け）	a cancellation 取消 취소
				書き取り（か と）	a dictation 听写 받아쓰기	聞き取り（き と）	listening ability 听取 청취
114	消	10画	ショウ き-える け-す	消去（しょうきょ）	elimination 消去 소거	消える（き）	be extinguished / disappear 消失 사라지다
				消す（け）	extinguish 擦掉 지우다	消しゴム（け）	an eraser 橡皮擦 지우개

練習 正しいほうに○をつけ、文の漢字にひらがなで読みを書きなさい。

① 漢字の（a. 聞き取り　b. 書き取り）のテストで 100 点を取った。

②「五百円（a. 通貨　b. 硬貨）はお使いになれません。」

③（a. 違い　b. 間違い）を消しゴムで消して書き直（なお）す。

④ 電話番号を（a. お確かめ　b. お認め）ください。

（答えは別冊 p.3）

3日目　自動販売機・自動券売機（じどうはんばいき・じどうけんばいき）

Vending Machines, Ticket Machines
自动贩卖机・自动售票机
자동판매기・승차권 자동판매기

A：何にする？　温かいお茶？
B：冷たいのがいい。えーっと、緑茶、紅茶……ウーロン茶にしよう。
A：あ、五百円玉は使えないんだって……千円札は使えるね。
　あれ？　おつりは？
B：その返却（きゃく）レバーを引けば出てくるよ。

No.	漢字	画数	読み	語	意味	語	意味
115	温	12画	オン あたた-かい あたた-まる あたた-める	温度（おんど）	temperature　温度　온도	体温計（たいおんけい）	a thermometer　体温计　체온계
				温室（おんしつ）	a greenhouse　温室　온실	温かい（あたた）	warm　暖和的　따뜻하다
116	冷	7画	レイ つめ-たい ひ-える ひ-やす さ-める さ-ます	冷静(な)（れいせい）	calm　冷静　냉정	冷たい（つめ）	cold　冷　차갑다
				冷える（ひ）	become cold　变冷　식다	冷やす（ひ）	cool　弄凉　차게 하다
				❗冷める（さ）	cool down　变冷、变冷淡　식다	❗冷ます（さ）	cool something　弄凉　식히다
117	緑	14画	リョク みどり	緑茶（りょくちゃ）	green tea　绿茶　녹차	新緑（しんりょく）	fresh greenery　新绿　신록
				緑(色)（みどりいろ）	green　绿地　녹색		
118	紅	9画	コウ べに	紅茶（こうちゃ）	tea　红茶　홍차		
				口紅（くちべに）	lipstick　口红　립스틱		
119	玉	5画	たま	水玉（みずたま）	a drop of water　水珠　물방울	玉（たま）	a ball/sphere　珠、球　동전
				十円玉（じゅうえんだま）	a 10-yen coin　十日元的硬币　10 엔짜리 동전		
120	返	7画	ヘン かえ-す かえ-る	返事（へんじ）	a reply　回答　대답	返却（へんきゃく）	returning (something)　归还　반환
				返金（へんきん）	a refund　还债　돈을 갚음	返す（かえ）	return (something)　归还　돌려주다

練習　正しいほうに○をつけ、文の漢字にひらがなで読みを書きなさい。

① このデザートは（a. 冷やして　b. 冷えて）食べるとおいしい。

② この辺（へん）は（a. 緑　b. 紅）が多くて静かできれいですね。

③ キャッシュバックというのは（a. 返事　b. 返金）のことです。

④ この自動販売機は硬貨だけでなく千円（a. 玉　b. 札）も使える。

（答えは別冊 p.3）

入場券や入館券の券売機には、団体、一般、学生、小中学生、幼児（〜歳以上〜歳未満）などというボタンがあって、それぞれ料金が違う場合があります。また、老人割引があるところもあります。

121	団	6画	ダン トン	団体（だんたい）	a group/organization 团体 단체	集団（しゅうだん）	a group 集团 집단	
				団地（だんち）	a large housing / apartment complex 住宅区 단지	❗布団（ふとん）	futon (Japanese mattress) 棉被 이불	☞ 布 405
122	般	10画	ハン	一般（いっぱん）	the general 普通 일반	全般（ぜんぱん）	the whole 全面 전반	☞ 全 215
123	幼	5画	ヨウ おさな-い	幼児（ようじ）	baby 幼儿 유아			
				❗幼い（おさない）	very young / childish 年幼 어리다			
124	児	7画	ニ ジ	小児科（しょうにか）	pediatrics department 小儿科 소아과			
				児童（じどう）	☞ 童 661			
125	歳	13画	サイ	〜歳（さい）	... years old 〜岁 〜세	二十歳（にじゅっさい） ❗二十歳（はたち）	20 years old 스무살 二十岁	
126	未	5画	ミ	未定（みてい）	undecided/indefinite 未决定 미정	未来（みらい）	future 未来 미래	
				未知（みち）	unknown 未知 미지	未〜（み）	not yet 未〜 미〜	
127	満	12画	マン み-ちる み-たす	未満（みまん）	less than 未满 미만	満員（まんいん）	full (of people) 坐满了人 만원	
				満足（まんぞく）	satisfaction 满足 만족	満ちる（み）	be filled with 充满 차다	
128	老	6画	ロウ お-いる	老人（ろうじん）	an old person 老人 노인			
				年老いた（としお）	aged 上了年纪了 나이 든			

練習 正しいほうに○をつけ、文の漢字にひらがなで読みを書きなさい。

① 「18歳（a. 以下　b. 未満）」には18歳は入りません。

② （a. 小児　b. 幼児）科の医者の数が足りないそうです。

③ （a. 集団　b. 団体）旅行は安いが、自由に行動できない。

④ 冬の登山（とざん）は危険に（a. 老いている　b. 満ちている）。

（答えは別冊 p.3）

4日目　家電（かでん）のリモコン

Remote Control Devices
家电的遥控器
가전 리모컨

◆エアコンのリモコン

Remote Control for an Air Conditioner
冷气的遥控器　에어컨 리모컨

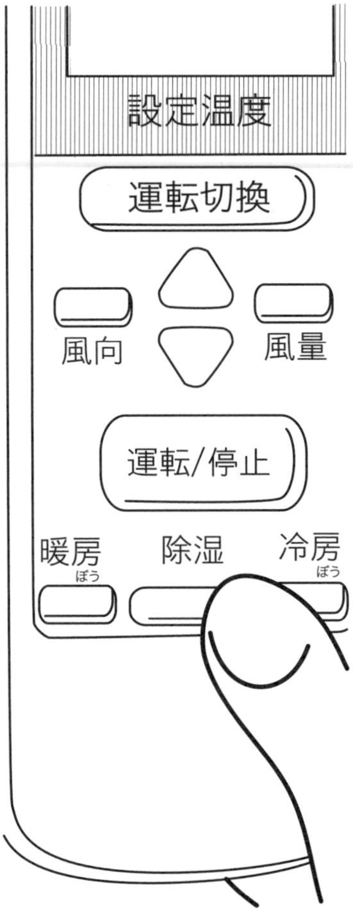

No.	漢字	画数	読み	語彙	意味
129	設	11画	セツ	設定（せってい）	setting　设定　설정
				設計（せっけい）	design/plan　设计　설계
				設備（せつび）	equipment　设备　설비
130	換	12画	カン か-える か-わる	換気（かんき）	ventilation　通风换气　환기
				運転切換（うんてんきりかえ）	change of mode of operation　运转切换　운전모드를 바꿈
				乗り換え（のりかえ）	changing trains　换乘　환승
131	向	6画	コウ む-く む-ける む-かう む-こう	風向（ふうこう）＝風の向き（かぜのむき）	wind direction　风向　풍향
				向かい（むかい）	the opposite side　对面　맞은편
				向こう（むこう）	over there / beyond　对面、另一侧　건너편
132	停	11画	テイ	停止（ていし）	stopping of　停止　정지
				停電（ていでん）	electricity blackout　停电　정전
				停車（ていしゃ）	stop a vehicle　停车　정차
133	暖	13画	ダン あたた-かい あたた-まる あたた-める	暖房（だんぼう）	heating　暖气　난방
				温暖（おんだん）（な）	temperate　温暖　따뜻하다
				暖かい（あたたかい）	warm　暖和的　온난
134	除	10画	ジョ ジ のぞ-く	除湿（じょしつ）	dehumidification　除湿　제습
				❗掃除（そうじ）	cleaning　扫除　청소
				❗除く（のぞく）	remove/exclude　除去　없애다
135	湿	12画	シツ しめ-る	湿度（しつど）	humidity　湿度　습도
				湿気（しっけ）	humidity / moisture　湿气　습기
				湿る（しめる）	become damp/moist　潮湿　습기차다

練習　正しいほうに○をつけ、文の漢字にひらがなで読みを書きなさい。

① 梅雨（つゆ）の時期はエアコンを（a. 除湿　b. 停電）にすると快適（かいてき）だ。

② 次（つぎ）の駅で地下鉄に（a. 乗り換え　b. 切り換え）ましょう。

③ 室内の温度が高くなりすぎたら、（a. 設定　b. 指定）温度を下げましょう。

④ 年中無休（むきゅう）。ただし、年末年始（ねんまつねんし）を（a. 包む　b. 除く）。

（答えは別冊 p.3）

◆ビデオのリモコン

Remote Control for a Video Machine
录影机的遥控器　비디오 리모컨

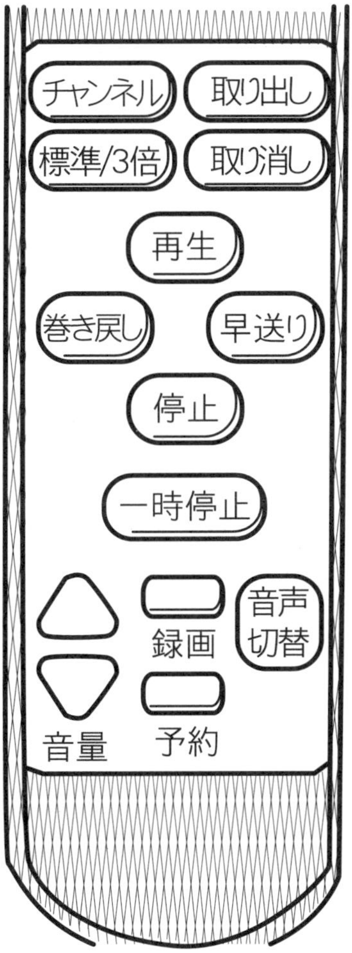

136	標	15画	ヒョウ	標準（ひょうじゅん）	a standard　标准　표준
				目標（もくひょう）	an aim/objective　目标　목표
				標本（ひょうほん）	a specimen/sample　标本　표본
137	倍	10画	バイ	倍（ばい）	double　倍　배
				～倍（ばい）	times (quantity - e.g. two times as many) ～倍　～배
138	巻	9画	カン ま-く	～巻（かん）	volume ... (used for books with several volumes)　～卷　～권
				巻く（ま）	wind / roll up　卷　감다
				巻き戻し（ま　もど）	rewinding　倒带　되감기
139	録	16画	ロク	録画（ろくが）	recording (video)　录制影像　녹화
				録音（ろくおん）	recording (sound)　录音　녹음
140	量	12画	リョウ はか-る	音量（おんりょう）	sound volume　音量　음량
				風量（ふうりょう）	air strength　风量　풍량
				分量（ぶんりょう）	quantity　分量　분량
				数量（すうりょう）	amount　数量　수량
				❗量る（はか）	measure　测量　（무게를）달다
141	予	4画	ヨ	予定（よてい）	a plan/schedule　预定的事情　예정
				予習（よしゅう）	preparation (of lessons)　预习　예습
				予備（よび）	a reserve/spare　预备　예비
				予算（よさん）	budget/estimate　预算　예산
142	約	9画	ヤク	予約（よやく）	an appointment/reservation　预约　예약
				約～（やく）	approximately　大约～　약～
				約束（やくそく）	a promise/appointment 约定 약속 ☞ 束 542

練習　正しいほうに○をつけ、文の漢字にひらがなで読みを書きなさい。

① テレビの音声（a. 切換　b. 換気）をして英語で聞く。

② （a. 標準　b. 水準）モードでビデオを予約録画する。

③ 見終わったビデオは（a. 早送り　b. 巻き戻し）してお返しください。

④ 中国の人口は日本の約10（a. 倍　b. 量）です。

（答えは別冊 p.3）

第２週　つかう①

5日目　電話・携帯電話（でんわ・けいたいでんわ）

Telephones, Cell Phones
电话 · 手机
전화 · 휴대폰

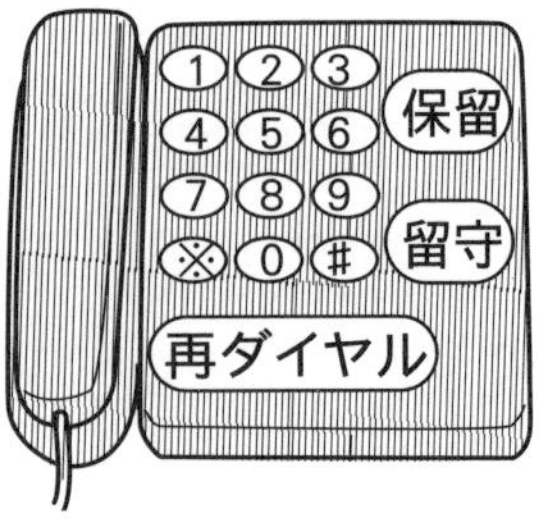

私は家に帰るとすぐ留守番電話の伝言を聞き、再生済みの用件を消去する。携（けい）帯電話は電車の中や仕事中など、普段はマナーモードに設定している。

No.	漢字	画数	読み	語	意味	語	意味
143	帯	10画	タイ / おび	地帯（ちたい）	a region/area　地带　지대	携帯電話（けいたいでんわ）	a cell phone / mobile phone　手机　휴대폰
				温帯（おんたい）	Temperate Zone　温带　온대	❶帯（おび）	a belt/sash　(和服的)腰带　허리에 두르는 띠
144	保	9画	ホ / たも-つ	保温（ほおん）	retention of warmth　保温　보온	保湿（ほしつ）	retention of moisture　保湿　보습
				保険（ほけん）	insurance　保险　보험	❶保つ（たも）	keep/maintain　保持　유지하다
145	留	10画	リュウ / ル / と-める	保留（ほりゅう）	a reservation/suspension　保留　보류	留学（りゅうがく）	sstudying abroad　留学　유학
				停留所（ていりゅうじょ）	a (bus) stop/station　公交车站　정류소	❶書留（かきとめ）	registration (registered mail)　挂号邮件　등기우편
146	守	6画	シュ / ス / まも-る	保守的（な）（ほしゅてき）	conservative　保守的　보수적인　☞ 的 421	❶留守（るす）	absence (from home)　不在家　부재
				守る（まも）	protect　保卫　지키다	お守り（まも）	a (good luck) charm　护身符　부적
147	伝	6画	デン / つた-わる / つた-える	伝言（でんごん）	a message　留言　전언	伝える（つた）	convey/communicate　传达　전하다
				❶手伝う（てつだ）	help　帮助　돕다		
148	済	11画	サイ / す-む / す-ます	返済（へんさい）	repayment　还　갚음		
				済む（す）	be finished/over　终结　끝나다	～済み（ず）	completed　…完了　～필，~끝남
149	件	6画	ケン	用件（ようけん）	a business/matter　应办的事情　용건	件名（けんめい）	subject　分类专案　건명
				事件（じけん）	an incident/crime　事件　사건		

練習　正しいほうに○をつけ、文の漢字にひらがなで読みを書きなさい。

① この件は（a. 保留　b. 停留）にしておいて、また後で考えます。

② 大事な手紙やお金を郵便（a. 書留　b. 貯金）で送る。

③ 家を買ったので毎月のローン※の（a. 温帯　b. 返済）がたいへんだ。

※ローン： loan　贷款　대부금

④ もうすぐ受験なので、神社（じんじゃ）で（a. お守り　b. お伝え）を買った。

（答えは別冊 p.3）

「着信履歴」やメールの「受信箱」を確認して、用件があれば返信する。新しくアドレスを作成する場合は、「新規」で入力する。文字は自分で変換したり並んでいる言葉の中から「選択」したりして、「決定」あるいは「確定」する。

150	信	9画	シン	通信（つうしん）	correspondence 通讯联络 통신	
				自信（じしん）	confidence 自信 자신	信じる（しん） believe 相信 믿다
151	歴	14画	レキ	着信履歴（ちゃくしんりれき）	record of calls received 来电显示 통화기록	履歴書（りれきしょ） a resume / curriculum vitae 履历表 이력서
				歴史（れきし）	history 历史 역사 ☞史 341	
152	箱	15画	はこ	受信箱（じゅしんばこ）	inbox 收件箱 수신함	送信箱（そうしんばこ） outbox 发件箱 송신함
				ごみ箱（ばこ）	a recycle bin 垃圾（邮件）箱 쓰레기통	
153	規	11画	キ	新規（しんき）	new/fresh (e.g. a new business project) 新的、新规定 신규	規定（きてい） regulation 规定 규정
154	変	9画	ヘン か-わる か-える	変換（へんかん）	conversion 变换 변환	大変（な）（たいへん） very/serious 不容易 큰일
				変わる（か）	change 变化 변하다	変える（か） change (something) 变更 바꾸다
155	選	15画	セン えら-ぶ	選択（せんたく）	a choice 选 선택	選手（せんしゅ） a player / an athlete 选手 선수
				選考（せんこう）	a selection 选拔 전형	選ぶ（えら） choose 选择 선택하다
156	決	7画	ケツ き-める き-まる	決定（けってい）	a decision 决定 결정	
				決める（き）	decide (something) 下…决定 정하다	決まる（き） be decided 决定 정해지다

練習 正しいほうに○をつけ、文の漢字にひらがなで読みを書きなさい。

① 車も人も、信号を（a. 保ち　b. 守り）ましょう。

② 携帯（けいたい）電話の電話番号が（a. 変え　b. 変わり）ましたのでお知らせします。

③ 選考の結果（けっか）、オリンピックに出場する選手が（a. 選んだ　b. 決まった）。

④ メールを（a. 規定　b. 新規）作成する。

（答えは別冊 p.3）

6日目　携帯電話（けいたいでんわ）・パソコン

Cell Phones, Personal Computers
휴대폰・컴퓨터
手机・个人电脑

A：アドレスはどうやって登録するんでしたっけ。

B：新しく作成する場合は「新規」、編集する場合は「機能」を押して「修正」し、作業が終わったら「完了」を押します。

A：わかりました。えっと、それから、画像はどうやって送るんですか。

No.	漢字	画数	読み	語	意味	語	意味
157	登	12画	トウ ト のぼ-る	登録（とうろく） 登場（とうじょう）	registration　登记　등록 appearance　登场　등장	❗登山（とざん） ＝山登り（やまのぼり）	mountain climbing　爬山　등산
158	編	15画	ヘン あ-む	編集（へんしゅう） 短編（たんぺん）	editing　编辑　편집 short work　短篇　단편	長編（ちょうへん） 編み物（あみもの）	long work　长篇　장편 knitting　针织品　뜨개질
159	能	10画	ノウ	機能（きのう） 能力（のうりょく）	a function　功能　기능 ability　能力　능력	可能（かのう）（な）	possible　可能　가능 ☞ 可 431
160	修	10画	シュウ	修正（しゅうせい） 修士（しゅうし）	amendment/modification 修正　수정 master (holder of a masters degree) 硕士　석사	修理（しゅうり）	repairs/fixing　修理　수리
161	完	7画	カン	完了（かんりょう） 完備（かんび）	finishing/completion　完了　완료 being fully equipped 完备　완비	完成（かんせい）	completion/accomplishment 完成　완성
162	了	2画	リョウ	終了（しゅうりょう）	end/expiration　完了　종료	修了（しゅうりょう）	completion (of a course) 修完　수료
163	像	14画	ゾウ	画像（がぞう） 現像（げんぞう）	a picture/image　影像　화상 developing (a photograph) 冲洗(照片)　현상	映像（えいぞう）	a reflection/image/video 映象　영상

練習　正しいほうに○をつけ、文の漢字にひらがなで読みを書きなさい。

① このフィルムを（a. 現像　b. 映像）してください。

② コピー機の調子が悪いので（a. 修理　b. 編集）に来てください。

③ この部屋（へや）はエアコン（a. 機能　b. 完備）です。

④ アドレスを（a. 登録　b. 登場）する。

（答えは別冊 p.4）

ワープロソフトで書類を作成するときは「書式」でフォントやサイズを設定する。文字は中央にそろえたり、右寄せ、左寄せもできる。作成したら「名前を付けて保存」する。その後は「上書き(うわが)き保存」できる。印刷は「用紙設定」をして「印刷プレビュー」で確認するとよい。文字が小さくて見づらいときは、「拡大」表示する。

164	類	18画	ルイ	書類(しょるい)	a document 文书 서류	分類(ぶんるい) classification 分类 분류
				人類(じんるい)	the human race 人类 인류	
165	式	6画	シキ	書式(しょしき)	prescribed form 公文格式 서식	入学式(にゅうがくしき) entrance ceremony 入学典礼 입학식
				日本式(にほんしき)	Japanese style 日式 일본식	正式(せいしき)(な) formal/official 正式 정식
166	央	5画	オウ	中央(ちゅうおう)	center 中央 중앙	
167	存	6画	ゾン ソン	保存(ほぞん)	preservation 保存 보존	生存(せいぞん) survival 生存 생존
				ご存知(ぞんじ)	knowing (humble form) 知道（尊敬语） 잘 아심	存在(そんざい) existence 存在 존재 ☞ 在 185
168	印	6画	イン しるし	認め印(みといん)	a private seal （常用的）图章、便章 막도장	
				印(しるし)	a mark/token 记号 표, 기호	目印(めじるし) a sign/landmark 记号、标记 표지, 표시
169	刷	8画	サツ	印刷(いんさつ)	printing 印刷 인쇄	
170	拡	8画	カク	拡大(かくだい)	enlargement 확대 扩大	↔縮小(しゅくしょう) reduction 缩小 축소

練習 正しいほうに○をつけ、文の漢字にひらがなで読みを書きなさい。

① ここに受け取りの（a. 認め印　b. 目印）をお願(ねが)いします。

② タイトルは（a. 中央　b. 拡大）に、日付と名前は右に書きます。

③ ここにある書類を（a. 書式　b. 分類）してファイルして※ください。

※ファイルする：file 文件归档 파일 한다

④ 作成したファイルを（a. 保存　b. 生存）する。

（答えは別冊 p.4）

第2週　つかう①

7日目　実戦問題（じっせんもんだい）　Practice Exercise　实战问题　실전문제

制限時間（せいげんじかん）：15分
1問4点×25問

点数（てんすう）　／100

（答えは別冊 p.4）

問題1　＿＿＿の言葉の読み方として最もよいものを、１・２・３・４から一つ選びなさい。

1　この天気で登山は<u>可能</u>でしょうか。

1　かの　　2　くのん　　3　きのう　　4　かのう

2　切符の<u>払い戻し</u>をする。

1　はらいもどし　　2　はらいがえし　　3　はらいおろし　　4　はらいのこし

3　この<u>印</u>は取り消しを表しています。

1　はんこ　　2　しるし　　3　おもて　　4　いんさつ

4　部屋の<u>中央</u>にテーブルがあります。

1　ちゅうおう　　2　ちゅうしん　　3　ちゅうえい　　4　まんなか

5　このごろ、<u>幼い</u>子どもの事故（じこ）が増えている。

1　せつない　　2　なおさい　　3　おさない　　4　ようさい

6　印刷して<u>拡大</u>コピーしてください。

1　かくだい　　2　こうだい　　3　とくだい　　4　そうだい

7　文字を選択して<u>変換</u>する。

1　へんしゅう　　2　へんこう　　3　へんさい　　4　へんかん

8　この時期は<u>湿度</u>が高い。

1　ちつど　　2　しつど　　3　ひつど　　4　いつど

9　団地のベランダに<u>布団</u>がほしてある。

1　もうふ　　2　じゅうたん　　3　ふとん　　4　まくら

10　コピー用紙の枚数を<u>数える</u>。

1　そろえる　　2　かずえる　　3　そらえる　　4　かぞえる

問題2　＿＿＿の言葉を漢字で書くとき、最もよいものを１・２・３・４から一つ選びなさい。

11　本日の営業は<u>しゅうりょう</u>しました。

1　終了　　2　修了　　3　完了　　4　未了

12 その件はまだ話し合いが済んでいないのでほりゅうです。

1 保留　2 保存　3 保湿　4 保温

13 日本では年末に大そうじをします。

1 清掃　2 除湿　3 掃除　4 洗濯

14 このへんもずいぶん道路がせいびされてきました。

1 常備　2 設備　3 準備　4 整備

15 今年のもくひょうをたてる。

1 目標　2 目表　3 木標　4 木表

問題３ （　　）に入れるのに最もよいものを、１・２・３・４から一つ選びなさい。

16 この本は上中下の３（　　）から成っている。

1 券　2 巻　3 件　4 枚

17 カップで米の分（　　）を量る。

1 能　2 計　3 類　4 量

18 日本（　　）のあいさつやマナーを覚える。

1 修　2 帯　3 玉　4 式

19 メールといっしょに画（　　）を送信する。

1 歴　2 機　3 像　4 表

20 短（　　）小説を読む。

1 編　2 片　3 期　4 数

21 今朝、地震で（　　）電になりました。

1 止　2 停　3 不　4 満

問題４ 次の（　　）に入る言葉を下から選び、漢字で書きなさい。

日本ではどこにでも自動22（　　　　）機がある。20歳23（　　　　）の人に禁止されているものも24（　　　　）に買えるのが25（　　　　）だと外国人はよく言う。

とうろく　みまん　ふしぎ　はんばい　じゆう　おさない

第二週

小人⇔大人

第２週３日目では、自動券売機などでよく見られる漢字を勉強しました。では、「小人」はなんと読むのでしょう？　「大人」は「おとな」です。「小人」は子どもという意味のサインです。料金表などに書いてありますね。ただし、『白雪姫(しらゆきひめ)と七人の小人』のような場合は「こびと」と読みます。

では今回は、反対(たい)語を勉強しましょう！

おぼえましょう

片道(かたみち) ⇔ 往復(おうふく)

暖房(だんぼう) ⇔ 冷房(れいぼう)

温水(おんすい) ⇔ 冷水(れいすい)

老人(ろうじん) ⇔ 若者(わかもの)

나이 든　上了年纪了　aged 年老(としお)いた ⇔ 若(わか)い young　年轻　젊다

반대　反对　opposition 反対(はんたい) ⇔ 賛成(さんせい) approval　赞成　찬성 ☞ 対 328

捨(す)てる ⇔ 拾(ひろ)う

날카롭다　尖锐　sharp 鋭(するど)い ⇔ 鈍(にぶ)い blunt/dull　钝的　둔하다

긍정　肯定　affirmation 肯定(こうてい) ⇔ 否定(ひてい) negation　否定　부정

뜨다　浮　float 浮(う)く ⇔ 沈(しず)む sink　沉　가라앉다

（うれしいことがあって）　（悲(かな)しいことがあって）☞ 悲 351

be happily excited 들떠 있다　兴高采烈 浮(う)かれている ⇔ 沈(しず)んでいる feel depressed　郁闷　침울해져 있다

171 若 8画 わか-い	172 反 4画 ハン	173 賛 15画 サン
174 拾 9画 ひろ-う	175 鋭 15画 するど-い	176 鈍 12画 にぶ-い
177 肯 8画 コウ	178 否 7画 ヒ	
179 浮 10画 う-く う-かぶ う-かべる	180 沈 7画 しず-む	

みなさん、**予習・復習**を忘(わす)れずに！

第3週

よむ①

Read ①
读①
읽다①

１日目　料金通知・払込用紙

りょうきんつうち　はらいこみようし

Notices and Forms for Payment of Fees
缴费通知・缴款单
요금통지・납입용지

◆料金通知

りょうきんつうち

Notice Regarding Fees
缴费通知
요금통지

〒 989-45XX
○○県△△市□□町 1-2-43
石川　静　様

重要　ご利用明細書在中

ご利用代金明細書
お客様番号　2123018488

お支払い期限（げん）　○○年 12 月 10 日
お支払い合計金額　12,340 円

No.	漢字	画数	読み	語	意味	語	意味
181	様	14 画	ヨウ / さま	❗様子（ようす）	an appearance/situation　样子　모습	同様（どうよう）	the same　同样　같음
				～様（さま）	an honorific added to people's names / particularly in letters　接在人名、身份等后面表示敬意　~님	様々（な）（さまざま）	various　各式各样　갖가지
182	要	9 画	ヨウ / い-る	重要（な）（じゅうよう）	important　重要　중요	要点（ようてん）	an essential point　要点　요점
				要約（ようやく）	a summary　概要　요약	要る（い）	need　需要　필요하다
183	利	7 画	リ	利用（りよう）	use　利用　이용	便利（な）（べんり）	convenient　方便　편리
				金利（きんり）	interest (rate)　利息　금리	有利（な）（ゆうり）	advantageous　有利的　유리한
184	細	11 画	サイ / ほそ-い / こま-かい	明細（めいさい）	details　清单　명세	細かい（こま）	fine/small　零碎的　상세하다
				細い（ほそ）	fine/thin　细　가늘다	心細い（こころぼそ）	lonely/helpless　不安　불안하다
185	在	6 画	ザイ	在中（ざいちゅう）	containing　（写在信封上）内附…　재중	在学（ざいがく）	attending school　在学　재학
				現在（げんざい）	the present (time)　现在　현재	不在（ふざい）	absence　不在家　부재
186	客	9 画	キャク	客席（きゃくせき）	a seat (in auditorium)　客人的座位　객석	乗客（じょうきゃく）	a passenger　乘客　승객
				お客様（きゃくさま）	customer (honorific form)　客人　손님		
187	額	18 画	ガク / ひたい	額（がく）	a frame　框　액수	金額（きんがく）	an amount/sum (of money)　金额　금액
				額（ひたい）	forehead　额头　이마		

練習　正しいほうに○をつけ、文の漢字にひらがなで読みを書きなさい。

① 「お客様のおかけになった番号は（a. 現在　b. 現代）使われておりません。」

② 「（a. 細かい　b. 細い）お金が要るんですが、両替してくれませんか。」

③ 「（a. 金額　b. 金利）が低いときに、お金を借りたほうがいいですね。」

④ 読んだ本の内容を（a. 要約　b. 要点）する。

（答えは別冊 p.4）

◆払込受領証（はらいこみじゅりょうしょう） Receipt of Payment
缴费收据　납입수령증

> **払込受領証（しょう）**
>
> 払込人氏（し）名　中山　満（みつる）　様
>
> 領収金額　　10,479円
>
> 機械で使用しますので、折（お）り曲げたり汚したりしないようにしてください。

188 込 5画　こ-む　こ-める
- 込（こ）む　be congested/crowded　拥挤、进入、加深…　들어차다，몰리다
  ←「混む」と書くときもある。
- 払（はら）い込（こ）む　pay in　缴纳　납부하다
- 飛（と）び込（こ）む　dive / jump into　跳入　뛰어들다
- 申（もう）し込（こ）む　apply　申请　신청하다　☞申 277
- 思（おも）い込（こ）む　imagine/assume　深信　굳게 믿다

189 領 14画　リョウ
- 領収書（りょうしゅうしょ）　a receipt　收据　영수증
- 領事館（りょうじかん）　a consulate　领事馆　영사관
- ～領（りょう）　territory　领地、领土　～령
- 大統領（だいとうりょう）　a president　总统　대통령

190 収 4画　シュウ　おさ-める　おさ-まる
- 収入（しゅうにゅう）　income　收入　수입
- 回収（かいしゅう）　a collection / recovery　回收　회수
- 収（おさ）める　pay/deliver　获得　넣다，기계
- 収集（しゅうしゅう）　a collection/gathering　收集　수집
- 吸収（きゅうしゅう）　absorption　吸收　흡수　☞吸 367

191 械 11画　カイ
- 機械（きかい）　a machine　机器　기계
- 器械体操（きかいたいそう）　gymnastics (using equipment)　器械体操　기계체조　☞器 232　☞操 450

192 曲 6画　キョク　ま-がる　ま-げる
- 曲（きょく）　piece of music　（音）歌曲　곡
- 折（お）り曲（ま）げる　bend/twist ...　折弯，弄弯　꺾어 구부리다　☞折 426
- 曲線（きょくせん）　a curved line　曲线　곡선
- 曲（ま）がる　bend / turn a corner　弯曲　구부러지다

193 汚 6画　オ　きたな-い　よご-す　よご-れる
- 汚染（おせん）　pollution　污染　오염
- 汚（よご）す　become dirty　脏　더러워지다
- 汚（きたな）い　dirty　肮脏　더럽다
- 汚（よご）れる　make dirty / pollute　弄脏　더럽히다

194 殿 13画　との　どの
- 殿様（とのさま）　a feudal lord　老爷、大人　영주，귀인에 대한 존칭
- ～殿（どの）　Mr./Mrs./Esquire　先生、小姐、女士　～님
  ＊役所（やくしょ）などから出す公式（こうしき）な手紙によく使われる。

練習　正しいほうに○をつけ、文の漢字にひらがなで読みを書きなさい。

① 手紙のあて名にはふつう「（a. 様　b. 殿）」を使います。

② 「その信号を右に（a. 曲げて　b. 曲がって）ください。」

③ コンビニでも（a. 払い込み　b. 飛び込み）ができるので便利だ。

④ ごみの（a. 収集　b. 吸収）は月・水・金です。

（答えは別冊 p.4）

2日目　不在通知（ふざいつうち）

Notices of Absence
领收邮件通知单
부재통지

ご不在連絡票（ひょう）

南田　様　　8月11日　10時ごろ　中山　優子　様

からのお荷物をお届けに参りましたが、ご不在でした。

☑生もの　□食品　□衣類　□書類　□その他

195 **連** 10画	レン つ-れる	関連（かんれん） a relation(ship) 关联 관련 連休（れんきゅう） consecutive holidays 连续休假 연휴	連続（れんぞく） a series 连续 연속 ☞ 続 447 連れる（つ） accompany 带着 데리고 가다	
196 **絡** 12画	ラク	連絡（れんらく） a contact/connection 联络 연락		
197 **荷** 10画	カ に	入荷（にゅうか） a receipt (of goods) 进货 입하 荷物（にもつ） luggage 行李 짐	出荷（しゅっか） a shipment 上市 출하	
198 **届** 8画	とど-ける とど-く	届ける（とど） deliver 送到 보내다 届く（とど） arrive (mail) 送到 닿다, 미치다	届け出（とどで） a report/registration 申报 신고	
199 **参** 8画	サン まい-る	参考書（さんこうしょ） a reference book 参考书 참고서 参る（まい） go/come 来、去 가다, 오다	持参（じさん） bringing something with one 带来(去) 지참 お参り（まい） visiting a shrine 去神社、寺院参拜 신불을 참배하러 감	
200 **衣** 6画	イ	衣類（いるい） clothing/garments 衣服之总称 의류 衣服（いふく） clothes/dress 衣服 의복	衣料品（いりょうひん） clothing items 衣服 의료품 衣食住（いしょくじゅう） food / clothing and shelter 衣食住 의식주	
201 **他** 5画	タ 《ほか》	その他（た/ほか） besides / the others 其它 그 외 他方（たほう） (on) the other hand 另一方 다른 방향	他人（たにん） a stranger / other people 别人 타인	

練習　正しいほうに○をつけ、文の漢字にひらがなで読みを書きなさい。

① ５月の（a. 週休　b. 連休）に両親を旅行に連れていく。

②「会議に使いますから、この（a. 衣類　b. 書類）をコピーしてください。」

③ 教科書※や参考書、（a. その他　b. 他方）必要（ひつよう）な本を買う。　※教科書：textbook　教科书　교과서

④ 品物が入荷しましたら、電話で（a. ご連絡　b. お届け）します。

（答えは別冊 p.4）

☑冷蔵　□冷凍　□着払い　□代金引換　□クレジットカード等

再配達自動受付センター：0120 － XXX － XXXX（24時間）

担当ドライバー携帯（けい）電話：090 － XXXX － XXXX

ご連絡を頂きました時間によっては、当日の再配達ができない場合がございます。

202	蔵	15画	ゾウ	冷蔵（れいぞう）	refrigeration　冷藏　냉장	貯蔵（ちょぞう）	storage　储藏　저장
				内蔵（ないぞう）	contained within　内含（～装置）　내장		
203	凍	10画	トウ こお-る こご-える	冷凍（れいとう）	freezing (refrigeration)　冷冻　냉동		
				凍る（こお）	freeze　结冰　얼다	凍える（こご）	be numb with cold　冻僵　추워 몸에 감각이 없어지다
204	等	12画	トウ ひと-しい 《など》	～等（とう／など）	et cetera　～等　～등	高等学校（こうとうがっこう）	a (senior) high school　高中　고등학교
				上等（じょうとう）	good/superior　高级　상등	❗等しい（ひと）	equal　相等　같다
205	配	10画	ハイ くば-る	配達（はいたつ）	a delivery　配送到家　배달	❗気配（けはい）	a sign/indication　情形、苗头　기미
				心配（しんぱい）(な)	anxious/uneasy　担心　걱정	配る（くば）	distribute　分配　나누어 주다
206	担	8画	タン	担当（たんとう）	taking charge of　担任　담당	分担（ぶんたん）	share (workload)　分担　분담
207	当	6画	トウ あ-たる あ-てる	当日（とうじつ）	that day　当天　당일	弁当（べんとう）	a packed lunch　便当　도시락
				当～（とう）	this ...　本～　당～	当たる（あ）	hit　(光线)照射　맞다，적중하다
208	頂	11画	チョウ いただ-く	頂点（ちょうてん）	the apex/summit　顶点　정점	頂上（ちょうじょう）	a summit/top　顶峰　정상
				頂く（いただ）	receive　领受、吃、喝　받들어 들다		

練習　正しいほうに○をつけ、文の漢字にひらがなで読みを書きなさい。

①「山の（a. 頂上　b. 頂点）でお弁当にしましょう。」

②「今お配りしたプリントに作業の（a. 分担　b. 復習）が書いてあります。」

③ アイスクリームは冷蔵庫の（a. 冷蔵室　b. 冷凍室）に入れます。

④ A ＝ B とは、A は B と（a. 等しい　b. 当たる）という意味です。

（答えは別冊 p.4）

第3週　よむ①

3日目　ポイントカード・商品券(しょうひんけん)・クリーニング預(あず)かり票(ひょう)

Point Cards, Gift certificates, Cleaning Dockets　累积卡・礼券・干洗单　포인트카드・상품권・크리닝 보관표

○×商店　ポイントカード

★商品お買い上げ500円ごとに1個スタンプを押します。

★スタンプが50個になりましたら、500円相当のお買い物券と交換いたします。

★有効期限は発行日より1年間とさせていただきます。

★カードは精算前にご提示ください。

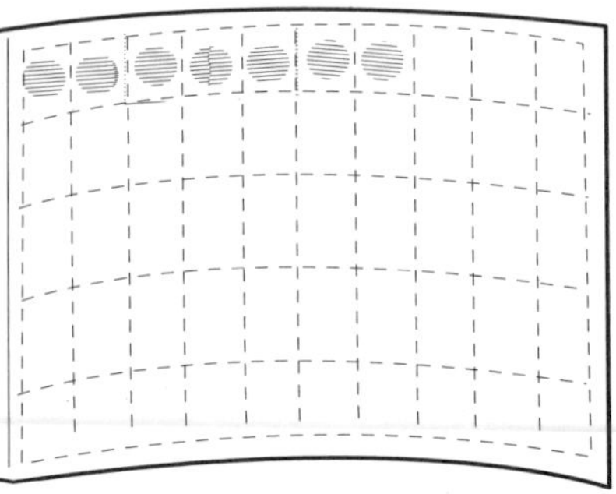

209	商	11画	ショウ	商品(しょうひん)	goods　商品　상품	商店(しょうてん)	a shop　商店　상점
				商業(しょうぎょう)	commerce　商业　상업	商売(しょうばい)	a business　作买卖　장사
210	個	10画	コ	～個(こ)	counter for general objects　～个　～개	個人(こじん)	an individual (person)　个人　개인
				個々(ここ)	individuals　各个　각각	個別(こべつ)	individual/separate　个别　개별
211	相	9画	ソウ ショウ あい	～相当(そうとう)	corresponding to ...　相当于　～상당	首相(しゅしょう)	a prime minister　首相　수상
				外相(がいしょう)	a foreign minister　外交部长　외상	相変わらず(あいかわらず)	still / as ever　仍旧　변함없이
				❗相手(あいて)	an opponent/competitor　对方　상대	❗相撲(すもう)	sumo wrestling　相扑　스모 (일본씨름)
212	交	6画	コウ	交換(こうかん)	exchange　交换　교환	交通機関(こうつうきかん)	means of transportation　交通机关　교통기관
				交際(こうさい)	association/company　交际　교제	交流(こうりゅう)	an exchange　交流　교류
213	効	8画	コウ き-く	有効(な)(ゆうこう)	valid　有效　유효	効果(こうか)	an effect　效果　효과　☞ 果 251
				❗効く(き)	be effective　有效　효과가 있다	効き目(きめ)	an effect　效果　효과, 효능
214	限	9画	ゲン かぎ-る	期限(きげん)	a time limit　期限　기한	限度額(げんどがく)	a price limit　限度额　한도액
				限界(げんかい)	a limit　界限　한계	❗～限り(かぎ)	limit of ... / insofar ...　只限于～　～한

練習　正しいほうに○をつけ、文の漢字にひらがなで読みを書きなさい。

① この薬は風邪(かぜ)によく（a. 効く　b. 聞く）。

② 外国の人たちと（a. 交流　b. 交換）するのは楽しいです。

③ 今までに一度も負けたことのない（a. 相手　b. 相当）に負けてしまった。

④ 卵(たまご)10個入りパック百円！　お一人様1パック（a. 参り　b. 限り）！

（答えは別冊 p.5）

全国共通○○券
¥500
全国のお店で共通してご使用になれます。
現金とのお引き換えはいたしません。

クリーニング預かり票(ひょう)		
仕上がり日	6月	7日
代金	済	未

●ポケットの中に忘れ物がないか点検してからお出しください。
●お引き取りがなく、1ヵ月以上経過した品物は責任を負いかねます。

No.	漢字	画数	読み	語	意味	語	意味
215	全	6画	ゼン まった-く すべ-て	全国(ぜんこく)	the whole country 全国 전국	全～(ぜん)	the whole ... 全～ 전～
				完全(かんぜん)(な)	perfect/complete 完全 완전(한)		
				❗全く(まった)	quite/completely 完全、全然 전혀	全て(すべ)	all/whole 全部 전부
216	共	6画	キョウ とも	共通(きょうつう)	common/mutual 共通 공통		
				～と共に(とも)	together with ... 同时～ ～와 함께		
217	忘	7画	ボウ わす-れる	忘年会(ぼうねんかい)	an end-of-year party 年终大会 망년회		
				忘れる(わす)	forget 忘记 잊다	忘れ物(わすもの)	thing left behind (lost property) 忘了的东西 잊은 물건
218	経	11画	ケイ	経過(けいか)	a process/course 经过 경과	経験(けいけん)	experience 经验 경험
				経済(けいざい)	economy 经济 경제	経理(けいり)	accounting 会计 경리
219	過	12画	カ す-ぎる す-ごす	過去(かこ)	the past 过去 과거	通過(つうか)	passage/transit 通过 통과
				過ぎる(す)	pass 超过 지나다	過ごす(す)	spend (time) 度过 지내다
220	責	11画	セキ せ-める	責任(せきにん)	responsibility 责任 책임		
				❗責める(せ)	blame/accuse 责备 책망하다		
221	任	6画	ニン まか-せる まか-す	担任(たんにん)	teacher in charge (e.g. homeroom teacher) 担任 담임		
				任せる(まか)	entrust 委托 맡기다		
222	負	9画	フ ま-ける お-う	負担(ふたん)	a burden 负担 부담		
				負ける(ま)	lose 输 패배하다	❗負う(お)	bear 背 짊어지다

練習 正しいほうに○をつけ、文の漢字にひらがなで読みを書きなさい。

① 子どもの勉強のことは（a. 担任　b. 責任）の先生にお任せしています。

② この薬を飲んでください。１週間（a. 経験　b. 経過）をみましょう。

③ 仕事の量が多過ぎる。社員の（a. 負担　b. 担当）を軽くしなければならない。

④ このカードは全店（a. 共通　b. 通過）でお使いになれます。

（答えは別冊 p.5）

４日目　ゴミの分別(ぶんべつ)

Rubbish Classification and Separation
垃圾分类
쓰레기 분리

必ず たから市指定のゴミ袋に入れて
指定の曜日に集積所に出してください。

毎週　月・水・金曜日　燃やせるゴミ（紙くず、生ゴミ、木の葉や枝 等）
毎週　木曜日　　　　　埋め立てゴミ（茶わん、皿(さら)、貝(かい)がら 等）

No.	漢字	画数	読み	語	意味	語	意味
223	必	5画	ヒツ / かなら-ず	必要(ひつよう)(な)	necessary 必要 필요	必死(ひっし)	desperate(ly) 拚命地 필사
				必(かなら)ず	always/certainly 一定 반드시		
224	袋	11画	ふくろ	袋(ふくろ)	a bag 袋子 주머니	手袋(てぶくろ)	a glove 手套 장갑
				レジ袋(ぶくろ)	a plastic bag (received at the checkout counter) 塑料袋(在交款台领到的) 비닐봉지 (편의점이나 슈퍼에서 담아주는 비닐봉지)		
				⊖足袋(たび)	tabi (traditional Japanese socks worn with a kimono) 日本式布袜子 일본식 버선		
225	積	16画	セキ / つ-もる / つ-む	ゴミ集積所(しゅうせきじょ)	a rubbish collection point 垃圾堆放处 쓰레기 집적소	面積(めんせき)	an (surface) area 面积 면적 ☞面 449
				積(つ)もる	pile up 堆积 쌓이다	積(つ)む	load 堆 쌓다
226	燃	16画	ネン / も-える / も-やす	燃料(ねんりょう)	fuel 燃料 연료	可燃(かねん) / 燃(も)やせる	burnable 可燃 가연 , 태울 수 있다 ☞可 431
				不燃(ふねん)	nonflammable/incombustible 不可燃 불연		
227	枝	8画	えだ	枝(えだ)	a branch 枝、分支 （나뭇）가지	小枝(こえだ)	a twig/stick 小树枝 작은 가지
228	葉	12画	ヨウ / は	紅葉(こうよう)	autumn leaves 红叶、枫叶 단풍	⊖紅葉(もみじ)	a maple 枫叶 단풍
				葉(は)	a leaf 叶 잎	落ち葉(おちば)	fallen leaves 落叶 낙엽
				言葉(ことば)	word / language 语言 말		
229	埋	10画	う-める / う-まる	埋(う)める	bury 埋 묻다	埋(う)め立(た)てる	reclaim (land) / fill in 填平 메우다
				埋(う)まる	be buried 埋上 묻히다		

練習　正しいほうに○をつけ、文の漢字にひらがなで読みを書きなさい。

① 雪(ゆき)が（a. 保って　b. 積もって）花だん※が埋まってしまった。　※花だん：flower bed 花坛 화단

② 落ち葉や木の枝は（a. 燃やせる　b. 埋め立て）ゴミになります。

③ この洗剤※を使うときは必ずゴム（a. 手袋　b. 足袋）をしてください。
※洗剤(ざい)：cleansers 洗洁剂 세제

④ 植(しょく)物から自動車の（a. 原料　b. 燃料）を作る。☞植 601

（答えは別冊 p.5）

第1・3・5火曜日　カン類
第 2・4 火曜日　ビン類

毎週火曜日　　その他紙製容器・包装
毎週木曜日　　その他プラスチック製容器・包装

雑誌、古新聞、ダンボール等の資源ゴミは、子ども会等、
資源（げん）回収団体へお出しください。
粗（そ）大ゴミは個別有料収集です。

No.	漢字	画数	読み	語彙	意味
230	製	14画	セイ	製品（せいひん）	a product　制品　제품
				～製（せい）	made in/of ...　～制　～제
231	容	10画	ヨウ	内容（ないよう）	contents/substance　内容　내용
				容器（ようき）	a container　容器　용기
				美容（びよう）	beauty treatment　美容　미용　☞美 516
232	器	15画	キ うつわ	食器（しょっき）	tableware　餐具　식기
				楽器（がっき）	a musical instrument　乐器　악기
				受話器（じゅわき）	telephone receiver　电话听筒
				❗器（うつわ）	a container/caliber　容器　그릇
233	装	12画	ソウ ショウ	包装（ほうそう）	wrapping　包装　포장
				新装開店（しんそうかいてん）	renovated and open　装修后开店　신장개업
				服装（ふくそう）	the style of dress / costume　服装　복장
				❗衣装（いしょう）	dress / costume　服装　의상
234	雑	14画	ザツ	雑音（ざつおん）	a noise　杂音　잡음
				雑用（ざつよう）	odd jobs　各种用途　잡무
				雑な（ざつ）	miscellaneous　混杂　잡다한
				雑貨（ざっか）	sundry goods　杂货　잡화
235	誌	14画	シ	雑誌（ざっし）	a magazine　杂志　잡지
				日誌（にっし）	a journal/diary　日志　일지
236	資	13画	シ	資源（しげん）	resource(s)　资源　자원
				資料（しりょう）	material(s)/data　资料　자료
				資金（しきん）	fund(s)　资金　자금

練習　正しいほうに○をつけ、文の漢字にひらがなで読みを書きなさい。

① （a. 衣　b. 器）がきれいだと、料理もおいしく見える。

② この時計はスイス（a. 製　b. 作）です。

③ （a. 雑用　b. 雑音）がひどくて電話がよく聞こえません。

④ この町ではリサイクルのため、第２土曜日に古新聞・古雑誌などを（a. 回収　b. 包装）します。

（答えは別冊 p.5）

5日目　いろいろな通知(つうち)①

Various Notices ①
各种各样的通知①
여러 통지①

◆ 避難訓練(ひなんくんれん)のお知(し)らせ Notification of Evacuation Drills　避难训练通知　피난 훈련 통지

> **避(ひ)難訓練のお知らせ**
>
> 地震に備えて避(ひ)難訓練を行います。できるだけご参加ください。
> なお、雨天(うてん)の場合は延期となります。

No.	漢字	画数	読み	語	意味	語	意味
237	難	18画	ナン かた-い むずか-しい	避難(ひなん) 難(むずか)しい	an evacuation　避难　피난 difficult/delicate　难办的　어렵타	困難(こんなん)(な) ❗～し難(がた)い	difficult　困难　곤란　☞困 554 difficult to ...　很难～　～하기 어렵다
238	訓	10画	クン	教訓(きょうくん)	a lesson　教训　교훈	訓読(くんよ)み	Japanese reading of Kanji　训读　훈독
239	練	14画	レン	訓練(くんれん)	training/a drill　训练　훈련	練習(れんしゅう)	a practice　练习　연습
240	震	15画	シン ふる-える	地震(じしん) 震(ふる)える	an earthquake　地震　지진 shake/tremble　震动　흔들리다		
241	加	5画	カ くわ-える くわ-わる	参加(さんか) ❗加(くわ)える	participation　参加　참가 add to　加　더하다	加速(かそく) ❗加(くわ)わる	acceleration　加速　가속 join/participate　增加　늘다，많아지다
242	延	8画	エン の-びる の-ばす	延期(えんき) ❗延(の)びる	postponement　延期　연기 be extended / lengthen　延长　연장되다	延長(えんちょう) ❗延(の)ばす	an extension　延长　연장 extend/delay　伸展　연장하다

練習　正しいほうに○をつけ、文の漢字にひらがなで読みを書きなさい。

① この（a. 練習　b. 訓練）問題はあまり難しくない。

②「届かないので（a. 延期　b. 延長）コード※を持ってきてください。」　※コード：cord　软线　코드

③「あ！（a. 火事　b. 地震）だ！　揺(ゆ)れてる※！」　※揺れる：shake　摇动，摇摆　흔들리다

④ 材料(ざいりょう)がやわらかくなったら、さとうを（a. 加えます　b. 凍えます）。

（答えは別冊 p.5）

◆断水（だんすい）のお知（し）らせ Suspension of Water Supply 停水通知 단수 통지

断水のお知らせ

配水管工事のため、下記の日時（にちじ）に断水となります。

大変ご迷惑（わく）をおかけしますが、ご理解（りかい）とご協力をお願いいたします。

日時　　平成 XX 年 11 月 20 日午後 11 時～ 21 日午前 5 時

No.	漢字	画数	読み	語	意味	語	意味
243	断	11 画	ダン ことわ-る	断水（だんすい）	suspension of the water supply 停水 단수	断定（だんてい）	a decision/assertion 断定 단정
				横断（おうだん）	crossing 横切 횡단 ☞横 374	❗断る（ことわ）	refuse 拒绝 거절하다
244	管	14 画	カン くだ	水道管（すいどうかん）	water pipes 自来水管 수도관	管理（かんり）	management/supervision/control 管理 관리
				保管（ほかん）	custody/safekeeping 保管 보관	❗管（くだ）	a pipe 管 관, 대롱
245	記	10 画	キ しる-す	日記（にっき）	a diary/journal 日记 일기	記入（きにゅう）	entry / filling out 记入 기입
				記号（きごう）	a mark/symbol 符号 기호	下記（かき）	the below/following 下列 하기
				記者（きしゃ）	a reporter 記者 기자	記事（きじ）	an article 报道 기사
				❗記す（しる）	write down 记述 기록하다		
246	迷	9 画	メイ まよ-う	迷惑（めいわく）	a nuisance 麻烦 폐	迷信（めいしん）	a superstition 迷信 미신
				迷う（まよ）	become lost 迷惑 헤매다	❗迷子（まいご）	lost child 走失的孩子 미아
247	協	8 画	キョウ	協力（きょうりょく）	cooperation 共同努力 협력	協定（きょうてい）	an agreement 协定 협정
				協会（きょうかい）	an association 协会 협회		
248	願	19 画	ガン ねが-う	願書（がんしょ）	an (written) application 志愿书 원서		
				願う（ねが）	wish/desire/hope 愿望 바라다		
249	平	5 画	ヘイ ビョウ たい-ら ひら	平成（へいせい）	(name of an era 年号 연호)	平日（へいじつ）	week days 平日 평일
				平気（へいき）（な）	calm/indifferent 不在乎 태연함	❗平等（びょうどう）	equality 平等 평등
				❗平ら（たい）（な）	flat/even 平坦 평평함	平仮名（ひらがな）	hiragana 平假名 히라가나 ☞仮 615

練習 正しいほうに○をつけ、文の漢字にひらがなで読みを書きなさい。

① （a. 迷信　b. 迷惑）メールが何通も届いて困（こま）っている。

② （a. 平日　b. 平成）のこの時間は道路が込んでいる。

③ 「（a. 駐車　b. 禁煙）お断り」

④ 大学に入学（a. 願書　b. 明細）を郵送する。

（答えは別冊 p.5）

6日目　いろいろな通知(つうち)②

Various Notices ②
各种各样的通知②
여러 통지②

◆検診結果(けんしんけっか)

Results of Health Checkups
健康检查结果　검진결과

検診(しん)結果は内側にあります。

開封方法

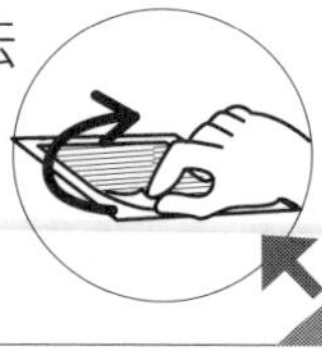

受診者各位

異常ありませんでした。
来年も必ず受けてください。

No.	漢字	画数	読み	語	意味	語	意味
250	結	12画	ケツ / むす-ぶ	結果(けっか)	a result　结果　결과	結局(けっきょく)	after all　最终　결국
				結ぶ(むす)	tie/connect/conclude　系，连结，建立关系　매다, 묶다		
251	果	8画	カ / は-たす	効果(こうか)	effect　效果　효과	果実(かじつ)	a fruit　果实　과실　☞実 451
				❗果物(くだもの)	a fruit　水果　과일	果たす(は)	carry out / fulfill　实现　완수하다
252	封	9画	フウ	開封(かいふう)	unsealing / opening a letter　拆封　개봉	封書(ふうしょ)	a (sealed) letter　封口的书信　봉서
				同封(どうふう)	enclosing (with a letter)　附在信内　동봉		
253	法	8画	ホウ	方法(ほうほう)	a method/way　方法　방법	文法(ぶんぽう)	grammar　文法　문법
				❗作法(さほう)	a manner　礼节　예절	法人(ほうじん)	a corporate body　法人　법인
254	各	6画	カク	各～(かく)	each/every　各～　각～	各自(かくじ)	respective / each person　各自　각자
				各地(かくち)	everywhere / many places　各地　각지		
255	位	7画	イ / くらい	～各位(かくい)	every one of you / whom it may concern　～各位　～각위	地位(ちい)	status　地位　지위
				～位(い)	... place(used for ranking things)　～位(助数词)　～위	位(くらい)	rank　地位，职位　정도
256	異	11画	イ / こと	異常(な)(いじょう)	abnormal　异常　이상	同音異義語(どういんいぎご)	a homonym　同音异义字　동음이의어
				異変(いへん)	an accident / unusual thing　异常变化　이변	❗異なる(こと)	differ　不同　다르다

練習　正しいほうに○をつけ、文の漢字にひらがなで読みを書きなさい。

① 手紙に写真を（a. 開封　b. 同封）する。

② 最近(さいきん)、全国（a. 各位　b. 各地）で異常な事件が起こっている。

③ 朝、（a. 果物　b. 貨物）を食べると体にいいそうだ。

④ 運動靴(ぐつ)のひもがほどけそうですよ。しっかり（a. 結んで　b. 積んで）。

（答えは別冊 p.5）

◆移転(いてん)のお知(し)らせ　Relocation Notices　搬迁通知　이사 통지

移転のお知らせ

事務所が下記に移転しました。
電話番号の変更はありません。
〒 186-XXXX

引っ越しました！

郊外で周りは畑しかありませんが、
空気がきれいです。お近くにお越しの
際は是非(ぜ)お立ち寄りください。

No.	漢字	画数	読み	語	意味	語	意味
257	移	11画	イ うつ-る うつ-す	移転(いてん) 移る(うつる)	a move/transfer 移动、搬家 이전 move/shift 迁 바뀌다	移動(いどう) 移す(うつす)	a move/transfer 转移 이동 move/shift (something) 移 옮기다
258	務	11画	ム つと-める	事務(じむ) 任務(にんむ)	office work 事务 사무 a duty/task 任务 임무	事務所(じむしょ) !務める(つとめる)	an office 办公室 사무소 work/serve 任 근무하다
259	更	7画	コウ	変更(へんこう) 更衣室(こういしつ)	a change/alteration 变更 변경 a change room 更衣室 탈의실	更新(こうしん)	a renewal 更新 갱신
260	越	12画	こ-す こ-える	引っ越す(ひっこす) お越しの際(おこしのさい)（＝来(き)たとき）	move house 搬家 이사하다 when you come 您来的时候 오셨을 때	乗り越す(のりこす)	go past (the correct station) 坐过站 하차역을 지나치다
261	郊	9画	コウ	郊外(こうがい)	the suburbs 郊外 교외	近郊(きんこう)	environs 近郊 근교
262	周	8画	シュウ まわ-り	円周(えんしゅう) 周り(まわり)	the circumference (of a circle) 圆周 원주 around/neighborhood 周围 둘레		
263	畑	9画	はたけ	畑(はたけ)	a (vegetable) field 旱田、田地 밭	花畑(はなばたけ)	a (flower) field 花田、花圃 꽃밭

練習　正しいほうに○をつけ、文の漢字にひらがなで読みを書きなさい。

① 会社の経理（a. 事務　b. 任務）を担当しています。

② 旅券事務所でパスポートの（a. 延期　b. 更新）をする。

③ 女子更衣室は２階に（a. 移り　b. 写り）ました。

④ 引っ越した家の（a. 周り　b. 配り）は緑が多い。

（答えは別冊 p.5 ～ 6）

第三週

7日目　実戦問題（じっせんもんだい）

Practice Exercise
实战问题
실전문제

制限時間（せいげんじかん）：15分
1問4点 ×25問

点数（てんすう）　／100

（答えは別冊 p.6）

問題１　＿＿＿の言葉の読み方として最もよいものを、１・２・３・４から一つ選びなさい。

領収書 [1]　　　　東西大学病院

（フリガナ）	ウチダ　キヨシ	処方せん引換券番号 [3]　注１
患者氏名（かんじゃしめい）注２	内田　清　　殿 [2]	520

合計金額 [4]　4, 200 円

注１：処方せん prescription　处方签　처방전　　　注２：患者 patient　患者　환자

[1]　領収　　1 りょしゅ　　2 りょしゅう　　3 りょうしゅ　　4 りょうしゅう

[2]　殿　　1 さま　　2 どの　　3 くん　　4 でん

[3]　番号　　1 ばんご　　2 ばごう　　3 ぼんご　　4 ばんごう

[4]　金額　　1 ねだん　　2 きんがく　　3 かかく　　4 りょうきん

問題２　＿＿＿の言葉の読み方として最もよいものを、１・２・３・４から一つ選びなさい。

[5]　千葉からお越しの田畑様、お連れ様がお待ちです。

1　おたし　　2　おかし　　3　おとし　　4　おこし

[6]　海を埋め立てて空港を建てる。

1　おめたてて　　2　ゆめたてて　　3　うめたてて　　4　ぬめたてて

[7]　この資料は必ずご持参ください。

1　かねらず　　2　かならず　　3　からなず　　4　かれなず

[8]　写真は実物とは少し異なります。

1　かさなります　　2　ともなります　　3　ことなります　　4　いなります

[9]　男女平等に仕事の機会があたえられる。

1　びょうどう　　2　へいとう　　3　ひょうとう　　4　べいどう

[10]　迷子のお知らせをいたします。

1　めいし　　2　めいご　　3　まいご　　4　まいこ

問題3　＿＿＿の言葉を漢字で書くとき、最もよいものを1・2・3・4から一つ選びなさい。

11 関係者かくい　サーバー停止のお知らせです。

1　客位　　2　各位　　3　名位　　4　角位

12 アンケートにごきょうりょくお願いします。

1　共力　　2　強力　　3　協力　　4　助力

13 正月は多くの人々がお寺や神社におまいりする。

1　お参り　　2　お迷り　　3　お断り　　4　お周り

14 このカードのゆうこう期限は1年です。

1　発行　　2　流行　　3　用効　　4　有効

15 訓練は雨で来週にのびた。

1　延びた　　2　震びた　　3　平びた　　4　結びた

問題4　（　　）に入れるのに最もよいものを、1・2・3・4から一つ選びなさい。

16 手紙を開（　　）する。

1　記　　2　頂　　3　封　　4　葉

17 試験（　　）日は駅が込むので、帰りの切符も買っておいたほうがいい。

1　当　　2　平　　3　本　　4　現

18 今朝は寒さで水道（　　）が凍っている。

1　断　　2　枝　　3　管　　4　蔵

19 これはスイス（　　）の時計です。

1　個　　2　作　　3　整　　4　製

20 コンビニで「（　　）にお入れしますか。」と聞かれたので、「いえ、いいです。」と答えた。

1　容　　2　袋　　3　装　　4　衣

21 電話の受話（　　）を取る。

1　機　　2　器　　3　記　　4　気

22 お客様のクレジットのご利用限度（　）は80万円です。

1　額　　2　料　　3　代　　4　金

問題5　次の（　　）に入る言葉を下から選び、漢字で書きなさい。

これはさくらスーパーの**23**（　　）です。全国の店で**24**（　　）できて、500円までの買い物ができます。おつりも出ます。ただし、現金に**25**（　　）はできません。

こうかん　しょうひん　りよう　しょうひんけん　ゆうこう

第三週

記号的な漢字（きごうてきかんじ）　未⇔済

Ideographic Kanji　符号式的汉字　기호적인 한자

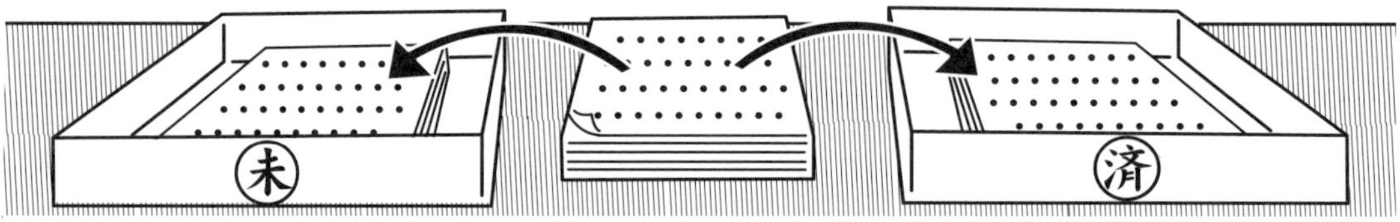

「未」は「未読」、「済」は「送信済み」などと使われますが、「㊍」「㊔」と書いて「まだ」か「済んだ」かを表す記号のようなものとしても使われます。

接頭語（せっとうご）のようなものもあります。

昨日（さくじつ） 会昨日（きのう）	昨年（さくねん） （＝去年（きょねん））	昨夜（さくや） （＝昨晩（さくばん））	↔	明日（みょうにち） 会明日（あした） 会明日（あす）	来年（らいねん）	明晩（みょうばん）
翌日（よくじつ）	翌年（よくねん）／翌年（よくとし）	翌朝（よくあさ）	↔	前日（ぜんじつ）	前年（ぜんねん）	前夜（ぜんや）

（☞ 晩 585）

数を数えるときに使うものもあります。

　ノートが～冊（さつ）（☞ 冊 617）　ペンが～本　リンゴが～個

　カードが～枚　スーツが～着（ちゃく）　テレビが～台　家や店が～軒（けん）

１字でとても意味がはっきりしている漢字があります。

何かにこのラベルがはってあったら、危険を知らせています！

ところで、最近（さいきん）はメールにこんなものが使われるようになりました。

　テストだめだったよ～ (T_T)　でも、またガンバル！ (^_^)

顔文字と言います。こういう絵（え）があると、気持ちがよく伝わりますね。でも、顔文字がない場合でも、漢字で気持ちを表せます。

　テストだめだったよ～（涙）　でも、またガンバル！（笑）

---

264 昨 9画 サク　昨～（さく）　last ...　前一个～　지난～

265 翌 11画 ヨク　翌～（よく）　the following ...　翌～　다음～

266 軒 10画 ケン　～軒（けん）　counter for buildings　～家　～채

267 毒 8画 ドク　中毒（ちゅうどく）　addiction / poisoning　中毒　중독
　気の毒（きのどく）(な)　pity (pitiful)　感到可怜　딱함 , 가엾음
　消毒（しょうどく）　disinfection/sterilization　消毒　소독

268 涙 10画 なみだ　涙（なみだ）　tear(s)　泪　눈물

269 笑 10画 わら-う　え-む　笑う（わらう）　laugh/smile　笑　웃다
　笑顔（えがお）　a smile / smiling face　笑脸　웃는 얼굴

第4週

かく

Write
写
쓰다

1日目　伝票・申込書

でんぴょう　もうしこみしょ

Checks, Slips, Application Forms
传票・申请书
전표・신청서

クレジットカードご利用伝票（でんぴょう）

ご利用金額	15,000円
支払回数	1回払い　リボ払い
ご署名	管野　葉子

配送伝票

お届け先	大阪（おおさか）都道府県 ○○ 2-1-1 片山 リエ 様 (06)6721-XXXX
ご依頼主（ぬし）	管野 葉子 様 (0298)23-XXXX
到着希望時間	午前中 12～18時・18～21時

店員：お支払い回数は1回ですね。では、こちらにご署名をお願いします。それから、こちらにご配送先とお客様のご住所とお名前、お電話番号をお書きください。

---

270 署 13画 ショ
- 署名（しょめい） a signature 签名 서명
- 部署（ぶしょ） post/station 工作岗位 부서
- 消防署（しょうぼうしょ） a fire station 消防队 소방서 ☞防 409
- 税務署（ぜいむしょ） tax office 税务所 세무서 ☞税 473

271 依 8画 イ
- 依頼（いらい） request/commission 委托 의뢰

272 頼 16画 ライ　たの-む　たの-もしい　たよ-る
- 信頼（しんらい） trust 信赖 신뢰
- 頼む（たの） request 恳求 부탁하다, 의뢰하다
- ❗頼もしい（たの） reliable 可靠的 믿음직하다
- ❗頼る（たよ） depend upon 依靠 의지하다
- ❗頼りない（たよ） powerless/unreliable 不可靠、无依无靠 의지할 데가 없다

273 府 8画 フ
- 都道府県（とどうふけん） prefectures 都道府县 일본 지방 공공 단체의 총칭
- 京都府（きょうとふ） Kyoto Prefecture 京都府 교토부

274 到 8画 トウ
- 到着（とうちゃく） arrival 到达 도착

275 希 7画 キ
- 希望（きぼう） hope 希望 희망

276 望 11画 ボウ　のぞ-む
- 失望（しつぼう） loss of hope / despair 失望 실망 ☞失 317
- 望遠鏡（ぼうえんきょう） a telescope 望远镜 망원경
- 望む（のぞ） want / hope for 希望 바라다

練習　正しいほうに○をつけ、文の漢字にひらがなで読みを書きなさい。

① 自分の（a. 望み　b. 頼み）通りの大学に入学できた。

② 来日する友人を空港の（a. 出発　b. 到着）ロビーで待つ。

③ 商品の配送を（a. 依頼　b. 願い）する。

④ 市民が駅前に立ち（a. 署名　b. 照明）を集める活動（かつどう）を始めた。

（答えは別冊 p.6）

◆申込書 Application Form 申请书 신청서
もうしこみしょ

入会申込書				
姓 片山（かた やま）		名 敬一（けい いち）		年齢 24 歳
生年月日 19XX 年 4 月 5 日				性別 男・女
連絡先	自宅 〒XXX-XXXX 大阪府〇〇2－1－1			☎ 06-6721-XXXX
	勤務先 （株）（かぶ） アマヤ		部署名 営業部	☎ 06-6125-XXXX

No.	漢字	画数	読み	語	意味	語	意味
277	申	5画	シン もう-す	申請（しんせい）	an application 申请 신청	申す（もう）	say (humble form) (谦)说、叫作 말하다
				申し込み（もう こ）	application/proposal 申请 신청	申し上げる（もう あ）	say (very humble form) (谦)说 말씀드리다
278	姓	8画	セイ	姓（せい）	family name 姓 성	姓名（せいめい）	full name 姓名 성명
279	齢	17画	レイ	年齢（ねんれい）	age 年龄 연령	高齢（こうれい）	old age 高龄 고령
280	性	8画	セイ	男性（だんせい）	a man 男性 남성	女性（じょせい）	a woman 女性 여성
				性別（せいべつ）	sex/gender 性别 성별	性質（せいしつ）	nature/disposition 性质 성질
				安全性（あんぜんせい）	safety 安全性 안전성	可能性（かのうせい）	possibility 可能性 가능성 ☞ 可 431
281	宅	6画	タク	お宅（たく）	a house/home (respectful form) 府上 댁	自宅（じたく）	one's house/home 自己的家 자택
				住宅（じゅうたく）	housing 住宅 주택	帰宅（きたく）	returning home 回家 귀가
282	勤	12画	キン つと-める	勤務（きんむ）	service/duty 工作 근무	出勤（しゅっきん）	attendance at work 上班 출근
				通勤（つうきん）	commuting to work 通勤 통근	勤める（つと）	work / be employed 工作 근무하다
283	部	11画	ブ	全部（ぜんぶ）	all/whole 全部 전부	部分（ぶぶん）	part 部分 부분
				部長（ぶちょう）	department head / a manager 部长 부장	学部（がくぶ）	a faculty 学院 학부
				⊖部屋（へや）	a room 房间 방		

練習 正しいほうに○をつけ、文の漢字にひらがなで読みを書きなさい。

① 日本では結婚すると夫（おっと）の（a. 性 b. 姓）になる女の人が多い。

② 朝夕の（a. 通勤 b. 出勤）ラッシュ時は電車が満員になる。

③ お客様に迷子のお知らせを（a. 申します b. 申し上げます）。

④ パスポートの（a. 申請 b. 再生）をする。

（答えは別冊 p.6）

2日目　返事を書く

Writing Replies
写回信
대답을 적다

◆出欠(しゅっけつ) Attendance (or Absence)　出席和缺席　출결

結婚パーティー等の招待状に返事を書くとき、「ご出席」や「御欠席」の「ご」や「御」を二重線（=）で消して、どちらかに○をつけます。また、相手の名前の下の「行(いき)」を消して「様」に変えます。「ご結婚おめでとうございます」「喜んで出席させていただきます」などとメッセージを書くとよいでしょう。自治会や学会などの会議を欠席する場合には「欠席」に○をつけ、委任状のところに自分の名前を書きます。

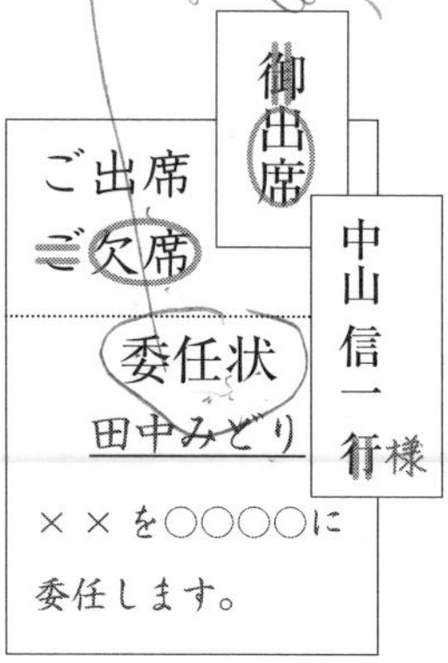

284 婚 11画 コン	結婚(けっこん)	a marriage　结婚　결혼	婚約(こんやく)	an engagement　婚约　약혼
	未婚(みこん)	unmarried　未婚　미혼	新婚(しんこん)	newly wedded　新婚　신혼
285 招 8画 ショウ まね-く	招待(しょうたい)	an invitation　招待　초대		
	❗招く(まねく)	invite　招待　초대하다		
286 状 7画 ジョウ	～状(じょう)	a letter (e.g. of invitation) ～信件　～장	現状(げんじょう)	an existing situation　现状　현상
	状態(じょうたい)	a situation　状态　상태	年賀状(ねんがじょう)	a new year's card 贺年卡　연하장
287 欠 4画 ケツ か-ける	欠席(けっせき)	absence　缺席　결석	出欠(しゅっけつ)	attendance (or absence) 出席和缺席　출결
	欠点(けってん)	a shortcoming　缺点　결점 ＝欠(か)けている点(てん)		
288 喜 12画 よろこ-ぶ	喜ぶ(よろこぶ)	be pleased　欢喜　기뻐하다	喜んで(よろこんで)	gladly　愉快地接受　기꺼이
289 治 8画 ジ チ なお-る なお-す	政治(せいじ)	politics　政治　정치　☞政 730	自治会(じちかい)	self-governing association 自治会　자치회
	自治体(じちたい)	self-governing body 自治团体 자치단체	治す(なおす)	cure　治疗　치료하다
290 委 8画 イ	委員(いいん)	committee member　委员　위원	委員会(いいんかい)	a committee　委员会　위원회
	委任状(いにんじょう)	a power of attorney　委任状　위임장		

練習　正しいほうに○をつけ、文の漢字にひらがなで読みを書きなさい。

① ゴミの出し方は地方（a. 自治体　b. 自治会）によって違う。

② 短所、つまり（a. 利点　b. 欠点）はだれにでもあるだろう。

③（a. 未婚　b. 再婚）というのはもう一度結婚することです。

④ 結婚式の（a. 委任状　b. 招待状）に返事を書く。

（答えは別冊 p.6）

◆礼状（れいじょう）

Thank-You Letter
感谢信
사례의 편지

お祝いやお見舞い等を頂いたら、礼状を書きます。

> 先日はお忙しいところ、結婚パーティーにご出席いただきまして、ありがとうございました。
> これからは妻と二人で頑張（がん）ります。今後ともよろしくお願い申し上げます。
> 奥様にもよろしくお伝えください。

No.	漢字	画数	読み	語	意味	語	意味
291	祝	9画	シュク いわ-う	祝日（しゅくじつ）	a holiday / festival day （政府规定的）节日　경축일		
				祝う（いわう）	celebrate/congratulate 庆祝　축하하다	お祝い（おいわい）	celebration/congratulation 祝贺　축하
292	舞	15画	ブ ま-う ま-い	舞台（ぶたい）	a stage　舞台　무대		
				舞う（まう）	dance/flutter　跳舞　춤추다	お見舞い（おみまい）	an (call of) inquiry　探望　문병
293	礼	5画	レイ	お礼（おれい）	thanks　谢意、礼物　사례	失礼（しつれい）(な)	rude　失礼　실례　☞ 失 317
				礼儀（れいぎ）	etiquette　礼节、礼貌　예의		
294	忙	6画	ボウ いそが-しい	多忙（たぼう）(な)	busy (with many things)　非常忙　다망		
				忙しい（いそがしい）	busy　忙碌　바쁘다		
295	妻	8画	サイ つま	夫妻（ふさい）	husband and wife 夫妻　부부　☞ 夫 557		
				妻（つま）	wife　妻子　아내		
296	張	11画	チョウ は-る	主張（しゅちょう）	an assertion / claim　主张　주장	出張（しゅっちょう）	a business trip　出差　출장
				頑張る（がんばる）	try one's hardest / do one's best 努力　끝까지 노력하다	引っ張る（ひっぱる）	pull （用力）拉　끌어당기다
				張る（はる）	stretch/tighten　伸展　팽팽하게 하다		
297	奥	12画	おく	奥様（おくさま）	a wife (respectful form) 太太　부인	奥（おく）	inner recesses　内部　깊숙한 안쪽

練習　正しいほうに○をつけ、文の漢字にひらがなで読みを書きなさい。

① 梅雨（つゆ）明けの暑い時に、日本では（a. 暑中見舞い　b. 年賀状）を出す。

② ５月５日は「こどもの日」、（a. 祝日　b. 平日）です。

③ 明日は北海道へ（a. 出張　b. 主張）だ。

④ りんごを送ってもらったので（a. お祝い　b. お礼）の手紙を出す。

（答えは別冊 p.6）

3日目　メール・はがき

E-mail, Postcard
电子邮件・明信片
메일・엽서

◆友人(ゆうじん)へ

> 浅野君
>
> 久しぶり。元気？　僕(ぼく)は相変わらず忙しいけど元気！
> お互いに頑(がん)張ろう！　じゃあ、また！　ダン
>
> 追伸　皆さんにもよろしく。

No.	漢字	画数	読み	語	意味	語	意味
298	浅	9画	あさ-い	浅い(あさ)	shallow　浅的　얕다	浅草(あさくさ)	〈地名〉☞ 草 488
				浅ましい(あさ)	shameful/sordid　卑鄙的　한심스럽다		
299	君	7画	クン / きみ	～君(くん)	an honorific appended to names of males younger than oneself　接在同辈或晚辈的姓名后表示敬意　～군		
				君(きみ)	you　你　너		
300	久	3画	キュウ / ひさ-しい	永久(えいきゅう)	☞ 永 556		
				久しぶり(ひさ)	long time no see　好久不见　오랜만		
301	互	4画	ゴ / たが-い	相互(そうご)	mutual/reciprocal　相互　상호	交互(こうご)	alternation　轮流　번갈아
				お互いに(たが)	mutually　相互　서로		
302	追	9画	ツイ / お-う	追加(ついか)	an addition/supplement　追加　추가	追う(お)	pursue　追求　좇다
				追い越す(お・こ)	overtake　赶超　추월하다	追い付く(お・つ)	catch up　追上　따라잡다
303	伸	7画	シン / の-びる / の-ばす	追伸(ついしん)	postscript　（信）附注　추신	伸びる(の)	grow/stretch　延长　늘어나다
				伸ばす(の)	extend/stretch　伸展　늘이다	伸びをする(の)	stretch out　伸懒腰　기지개를 켜다
304	皆	9画	みな	皆(みな)	all　大家　모두	皆さん(みな)	everyone　（打招呼）各位　여러분

練習　正しいほうに○をつけ、文の漢字にひらがなで読みを書きなさい。

① 久しぶりに会った友達はひげを（a. 伸びて　b. 伸ばして）いた。

② この道路は（a. 追い越し　b. 引っ越し）禁止です。

③ この川は（a. 浅い　b. 細い）ので、子どもたちが遊ぶのにちょうどいい。

④ P.S. というのは（a. 追伸　b. 返信）のことです。

（答えは別冊 p.6）

◆**先生へ**

> 先生
>
> お元気ですか。日本語クラスでは大変お世話になりました。私は毎日忙しく暮らしています。仕事にも慣れましたが、学生生活が恋しいです。
>
> 先生のご健康をお祈り申し上げます。
>
> ダニエル・リード

No.	漢字	画数	読み	語	意味	語	意味
305	暮	14画	ボ く-れる く-らす	お歳暮（せいぼ） 暮れ（く）	a year-end gift 年礼 연말선물 end of the year 年底 연말	暮らす（く） 夕暮れ（ゆうぐ）	live/dwell 过日子 지내다 dusk 傍晚 해질 녘
306	慣	14画	カン な-れる な-らす	習慣（しゅうかん） 慣れる（な）	a custom/habit 习惯 습관 become accustomed to 习惯 익숙해지다		
307	活	9画	カツ	生活（せいかつ） 活字（かつじ）	life/livelihood 生活 생활 printing type 铅字 활자	活用（かつよう） 活発（かっぱつ）(な)	practical use 活用 활용 activity/vivacity (lively) 活泼 활발
308	恋	10画	レン こい こい-しい	恋愛（れんあい） 恋人（こいびと）	love/romance 恋爱 연애 ☞ 愛 356 a lover (boy/girlfriend) 恋人 연인	恋（こい） 恋しい（こい）	love 恋爱 사랑 homesick/lonely 爱慕 그립다
309	健	11画	ケン すこ-やか	健在（けんざい） ❗健やか（すこ）(な)	being in good health 健在 건재 sound/healthy (身体、精神) 健康 건전함 , 튼튼함	健全（けんぜん）(な)	sound/wholesom 健全 건전
310	康	11画	コウ	健康（けんこう） 健康保険証（けんこうほけんしょう）	health 健康 건강 a health insurance card 健保卡 건강보험증		
311	祈	8画	キ いの-る	祈願（きがん） 祈る（いの）	a prayer 祈祷 기원 pray 祈祷、祝福 빌다	祈り（いの）	a prayer/grace 祈祷、祷告 기도

練習 正しいほうに○をつけ、文の漢字にひらがなで読みを書きなさい。

① 年の（a. 慣れ　b. 暮れ）にお世話になった人にお礼をする習慣がある。

② （a. 健康　b. 生活）保険証を持ってきてください。

③ 私はいつも食事の前に（a. お祈り　b. お祝い）をします。

④ （a. 活発な　b. 健在な）議論（ぎろん）をする。

（答えは別冊 p.6）

第4週　かく

4日目　ビジネスメール

Business E-Mail
商务邮件
비즈니스 메일

> 福山　様
> お世話になっております。メール拝見しました。
> 打ち合わせの件ですが、ご希望の日時はあいにく先約があります。
> 下記の日時でしたらお伺いできますが、ご都合（つごう）いかがでしょうか。
> お返事いただければ幸いです。
> 取り急ぎ用件のみにて失礼いたします。
>
> ダニエル・リード

No.	漢字	画数	読み	語	意味	語	意味
312	福	13画	フク	幸福（こうふく）	happiness 幸福 행복	福祉（ふくし）	welfare 福利 복지
313	拝	8画	ハイ おが-む	拝見（はいけん）	looking (humble form) 看（谦） 삼가 봄	拝借（はいしゃく）	borrowing (humble form) （谦）借 삼가 빌려 씀
				参拝者（さんぱいしゃ）	visitor (to a shrine) 参拜的人 참배자	❗拝む（おがむ）	worship 拜 배례하다
314	打	5画	ダ う-つ	打者（だしゃ）	a batter/hitter (棒球)击球手 타자		
				打つ（うつ）	strike/hit 打 치다	打ち合わせ（うちあわせ）	arrangement in advance 商量、磋商 미리 상의함
315	伺	7画	うかが-う	伺う（うかがう）	visit (humble form) 拜访、打听 여쭙다		
316	幸	8画	コウ さいわ-い しあわ-せ	幸運（こううん）(な)	lucky 幸运 행운	不幸（ふこう）(な)	unhappy/unfortunate 不幸 불행
				幸せ（しあわせ）(な)	happy 幸福 행복함	幸い（さいわい）	good fortune / fortunately 幸运、幸亏 다행히
317	失	5画	シツ うしな-う	失礼（しつれい）(な)	rude 失礼 실례	失業（しつぎょう）	unemployment 失业 실업
				失望（しつぼう）	despair 失望 실망	❗失う（うしなう）	lose 丧失 잃어버리다

練習　正しいほうに○をつけ、文の漢字にひらがなで読みを書きなさい。

① 「ちょっと（a. 拝見　b. お伺い）しますが、郵便局はどちらでしょうか。」

② 「君には（a. 失業　b. 失望）したよ」と部長に言われてしまった。

③ 「ご結婚おめでとう！　お（a. 幸い　b. 幸せ）に！」

④ 雪のため、元日の（a. 参拝者　b. 打者）はやや少なかった。

（答えは別冊 p.7）

奥村　様

いつもお世話になっております。

突然ですが、この度（たび）、諸般の事情により退職することとなりました。つきましては後任（こうにん）の者をご紹介させていただきたく、ご挨拶（あいさつ）に参りたいと存じます。

No.	漢字	画数	読み	語	意味	語	意味
318	突	8画	トツ つ-く	突然（とつぜん）	sudden 突然 갑자기	煙突（えんとつ）	a chimney 烟囱 굴뚝
				突き当たり（つ あ）	end of (e.g. end of the road) (通道走道的) 尽头 막다른 곳	突っ込む（つ こ）	thrust into / plunge 深入、闯进 돌진하다
319	然	12画	ゼン ネン	全然（ぜんぜん）	(not) at all 一点也 전혀	自然（しぜん）	nature/natural 自然 자연
				当然（とうぜん）	of course 当然 당연	❗天然（てんねん）	natural/unartificial 天然 천연
320	諸	15画	ショ	諸～（しょ）	various 众多 여러～	諸問題（しょもんだい）	various problems 众多问题 여러 문제
				諸般（しょはん）	variety / all sorts 各种 제반		
321	情	11画	ジョウ なさ-け	事情（じじょう）	circumstance 情况、缘故 사정	友情（ゆうじょう）	a friendship 友情 우정
				表情（ひょうじょう）	a facial expression 表情 표정		
				❗情け（なさ）	sympathy/mercy 同情 인정	情けない（なさ）	woeful/disgraceful 可怜、可耻 한심하다
322	退	9画	タイ しりぞ-く	引退（いんたい）	retirement 引退、隐居 은퇴	退院（たいいん）	discharge from hospital 出院、退出 퇴원
				退学（たいがく）	withdrawal from a course/school 退学 퇴학	❗退く（しりぞ）	retreat/withdraw 后退 물러나다
323	職	18画	ショク	職業（しょくぎょう）	an occupation/profession 职业 직업	職場（しょくば）	a workplace 工作地方 직장
				退職（たいしょく）	retirement 退职 퇴직	職人（しょくにん）	an artisan 手艺师傅、工匠 장인
324	紹	11画	ショウ	紹介（しょうかい）	introduction 介绍 소개		
325	介	4画	カイ	介入（かいにゅう）	intervention 插手、干预 개입	介護（かいご）	nursing care 护理病人 . 老人 간호

練習 正しいほうに○をつけ、文の漢字にひらがなで読みを書きなさい。

① この辺（あた）りも開発が進み、（a. 自然　b. 天然）が失われつつある。

② 今の職場は友人に（a. 招待　b. 紹介）してもらった。

③「まっすぐ行って、（a. 突っ込み　b. 突き当たり）を右に曲がってください。」

④（a. 失業　b. 職業）訓練を受けて仕事を見つける。

（答えは別冊 p.7）

5日目　答案用紙（とうあんようし）

Answer Sheets
答题纸
답안용지

次の文章を読んで、それぞれの問いに対する答えとして最も適当なものを１～４から一つ選びなさい。

次の下線部の誤りを直しなさい。

No.	漢字	画数	読み	語	意味	語	意味
326	次	6画	ジ シ つぎ	一次試験（いちじしけん）	the first examination 一次考试 1차시험	次（つぎ）	the next　下一个　다음
				❶次第（しだい）	①すぐ as soon as　立刻、听其自然　～하는 즉시 ②～によって (depending on) the circumstances　全凭　～에 따라		
327	章	11画	ショウ	文章（ぶんしょう）	a sentence/composition 文章　문장	章（しょう）	a chapter　章、徽章　장
328	対	7画	タイ ツイ	対する（たい）	toward/against　对于　대하다	反対（はんたい）	opposition / the reverse　反对　반대
				～対～（たい）	... versus ...　～对～　～대～	対照的（な）（たいしょうてき）	contrasting　対照　대조적　☞ 的 421
				対（つい）	pair/couple 对、双；一对、一双　짝, 벌		
329	最	12画	サイ もっと-も	最初（さいしょ）	the first/beginning　最初　최초	最後（さいご）	the last/end　最后　최후
				最近（さいきん）	recently　最近　최근	❶最も（もっと）	most　最　가장
330	適	14画	テキ	適当（な）（てきとう）	appropriate/reasonable 适当　적당	適切（な）（てきせつ）	appropriate/proper 适当、妥当　적절
				適する（てき）	suit / be fit for 适宜、适当 적합하다	適度（な）（てきど）	moderate　适度、酌量　알맞은 정도
331	誤	14画	ゴ あやま-る	誤解（ごかい）	misunderstanding 误会　오해　☞ 解 512	❶誤り（あやま）	a mistake　错误　실수, 잘못
332	直	8画	チョク ジキ なお-す なお-る ただ-ちに	直線（ちょくせん）	a straight line　直线　직선	正直（な）（しょうじき）	honest　诚实　정직
				直す（なお）	fix　修改　고치다	❶素直（な）（すなお）	obedient/submissive　诚挚　솔직
				直ちに（ただ）	immediately 立刻、即刻　곧, 즉시		

練習　正しいほうに○をつけ、文の漢字にひらがなで読みを書きなさい。

① その小説の最初の（a. 章　b. 部）を読み終えたところです。

② 健康のために（a. 準備　b. 適度）な運動をするようにしています。

③ 明日行くかどうかは天気（a. 次第　b. 次第に）です。

④（a. 正直に　b. 直ちに）安全な場所に移動してください。

（答えは別冊 p.7）

例にならって、次のそれぞれの動詞を適当な形に直しなさい。

次の（　）の中に最も適当な助詞を書きなさい。

１～４の中から最も適当な副詞を選び、記号を○で囲みなさい。

次のそれぞれの言葉の反対語を書きなさい。

No.	漢字	画数	読み	語	意味
333	例	8画	レイ たと-える	例（れい）	an example　例子　예
				実例（じつれい）	an example/instance ☞ 実 451 实例　실례
				例えば（たと）	for example　例如　예를 들면
				例外（れいがい）	an exception　例外　예외
				例える（たと）	compare/liken 比喻、举例说明　예를 들다
334	詞	12画	シ	名詞（めいし）	a noun　名词　명사
				自動詞（じどうし）	an intransitive verb　自动词　자동사
				動詞（どうし）	a verb　动词　동사
				他動詞（たどうし）	a transitive verb　他动词　타동사
335	形	7画	ケイ ギョウ かたち	形式（けいしき）	form/formality　形式　형식
				図形（ずけい）	a diagram　图形　도형
				形（かたち）	shape/form　形状　형태
				形容詞（けいようし）	an adjective　形容词　형용사
				❗人形（にんぎょう）	a doll/puppet　娃娃　인형
336	助	7画	ジョ たす-かる たす-ける	救助（きゅうじょ）	rescue/help　救助　구조
				助手（じょしゅ）	an assistant　助手　조수
				助かる（たす）	be saved / be helpful 得救、得到帮助　도움이 되다
				助詞（じょし）	a particle (preposition/postposition) 助词　조사
				助ける（たす）	help　救助、帮忙　도와주다
337	副	11画	フク	副詞（ふくし）	an adverb　副词　부사
				副～（ふく）	vice/assistant　（职）副的～　부～
338	囲	7画	イ かこ-む	周囲（しゅうい）	perimeter/neighborhood　周围　주위
				囲む（かこ）	surround　围、包围　둘러싸다

練習　正しいほうに○をつけ、文の漢字にひらがなで読みを書きなさい。

① 周囲の住民はマンション※の建設に（a. 違反　b. 反対）している。

※マンション：apartment building
高级公寓　맨션

② （a. 形式　b. 図形）も重要だが、内容はもっと重要だ。

③ 副社長がよく働いてくれるので、社長は（a. 助けて　b. 助かって）いる。

④ 彼女（かのじょ）は花に（a. 例えば　b. 例えると）白いユリです。

※ユリ：lily　百合　백합

（答えは別冊 p.7）

6日目　作文（さくぶん）

Composition
作文
작문

私の夢

リン・ユウ

私の専門は歴史です。特に文化史に関心があります。日本の地域の祭りについて調査しています。私は戦争がなくなるように、将来、世界の架（か）け橋となるような仕事をしたいです。人間と人間が互いに憎しみ合ったり殺し合ったりするのは悲しく恥ずかしいことだと感じています。地球は一つ。私の願いも一つ、それは平和です。

世界中の人々が家族のように愛し合い、仲良くすること、それが私の夢です。

No.	漢字	画数	読み	語	意味	語	意味
339	夢	13画	ム ゆめ	夢中（むちゅう）	be engrossed　着迷　열중함		
				夢（ゆめ）	a dream　梦　꿈		
340	専	9画	セン	専門（せんもん）	specialty　专业，专长　전문	専用（せんよう）	exclusive use　专用、专门使用　전용
				専攻（せんこう）	a major / specialty 专门研究，主修　전공		
341	史	5画	シ	歴史（れきし）	history　历史　역사	〜史（し）	history　〜史　〜사
342	域	11画	イキ	区域（くいき）	an area / zone　区域　구역	地域（ちいき）	an area/region　地区　지역
343	祭	11画	サイ まつ-り	祭日（さいじつ）	a holiday / festival day 节日　국민의 축제일	〜祭（さい）	festival　〜节　〜제
				(お)祭り（まつ）	festival　祭祀　축제		
344	査	9画	サ	検査（けんさ）	an inspection/test　检查　검사	調査（ちょうさ）	an investigation/inquiry　调查　조사
				審査（しんさ）	examination/judgement　审查　심사		
345	戦	13画	セン たたか-う	〜戦（せん）	a fight/tournament　〜战　〜전	大戦（たいせん）	a major war (e.g. First World War) 大战　대전
				戦争（せんそう）	war　战争　전쟁	戦う（たたか）	fight　搏斗　싸우다
346	争	6画	ソウ あらそ-う	競争（きょうそう）	☞ 競 682		
				❗争う（あらそ）	fight/dispute 争夺　다투다，경쟁하다		
347	将	10画	ショウ	将来（しょうらい）	future　将来　장래	将棋（しょうぎ）	shogi　日本象棋、将棋　장기
348	橋	16画	キョウ はし	歩道橋（ほどうきょう）	a footbridge　天桥　육교	鉄橋（てっきょう）	a railroad bridge　铁桥　철교
				橋（はし）	a bridge　桥梁　다리	架け橋（か はし）	a bridge / go-between　桥梁　가교

たたかう same?

No.	漢字	画数	読み	語	意味	語	意味
349	憎	14画	にく-い にく-む にく-しみ にく-らしい	憎い（にく）	detestable 憎恨、嫉妒 밉다	憎む（にく）	detest 憎恨 미워하다
				憎しみ（にく）	hatred/enmity 憎恨 미움	憎らしい（にく）	detestable 可憎的 밉살스럽다
350	殺	10画	サツ ころ-す	自殺（じさつ）	a suicide 自杀 자살		
				殺す（ころ）	kill 杀 죽이다		
351	悲	12画	ヒ かな-しい かな-しむ	悲観（ひかん）	pessimism 悲观 비관 ☞観 528		
				悲しい（かな）	sad 悲伤的 슬프다	悲しむ（かな）	grieve/lament 感到悲伤、悲痛 슬퍼하다
352	恥	10画	はじ は-ずかしい	恥（はじ）	shame/humiliation 丢脸、耻辱 수치, 부끄러움		
				恥ずかしい（は）	be ashamed/embarrassed 羞耻、害羞 부끄럽다		
353	感	13画	カン	感じる（かん）	feel 感觉 느끼다	感情（かんじょう）	emotion 感情 감정
				感心（な）（かんしん）	admirable 佩服 감탄	感動（かんどう）	emotion/inspiration 感动 감동
354	球	11画	キュウ たま	地球（ちきゅう）	the earth 地球 지구	電球（でんきゅう）	a light bulb 灯泡 전구
				野球（やきゅう）	a baseball 棒球 야구	球（たま）	a ball/sphere 球 구슬
355	和	8画	ワ	平和（へいわ）	peace 和平、和睦 평화	和式（わしき）	Japanese style 日本式 일본식
356	愛	13画	アイ	愛（あい）	love 爱 사랑	愛する（あい）	love 疼爱 사랑하다
				愛情（あいじょう）	love/affection 爱情 애정	恋愛（れんあい）	love/romance 恋爱 연애
357	仲	6画	なか	仲（なか）	relations/terms 关系、交情 사이, 관계	仲間（なかま）	a friend / circle (of friends, etc) 伙伴、同事、同类 동료
358	良	7画	リョウ よ-い	改良（かいりょう）	improvement/reform 改良 개량		
				良い（よ）	good 好的 좋다		

練習 正しいほうに○をつけ、文の漢字にひらがなで読みを書きなさい。

① 弟は野球に（a. 夢中　b. 感動）で、将来はプロの選手になりたいと言っている。

② 大学では数学を（a. 専攻　b. 専門）した。

③ この建物のトイレは洋式と（a. 和式　b. 正式）のほかに車いす※用のもある。

※車いす：wheelchair
轮椅　휠체어

④ この製品は（a. 良好　b. 改良）を重ね、良い味になった。

⑤ あの人と私はオリンピックで金メダルを（a. 戦った　b. 争った）仲だ。

⑥ 姉から（a. 愛情　b. 恋愛）のこもった手紙をもらった。

（答えは別冊 p.7）

7日目　実戦問題（じっせんもんだい）
Practice Exercise
实战问题
실전문제

制限時間（せいげんじかん）：15分
1問4点×25問

点数（てんすう）　／100

（答えは別冊 p.7）

問題1　＿＿＿の言葉の読み方として最もよいものを、1・2・3・4から一つ選びなさい。

1　自分は間違っていない、と彼は主張した。

1　ちゅしょう　　2　しゅっちょう　　3　じゅちょう　　4　しゅちょう

2　デパートはお歳暮の買い物をする人たちで込んでいた。

1　おさいぼ　　2　おせいぼ　　3　おとしくれ　　4　おとしだま

3　本日はお招き頂きまして、ありがとうございます。

1　おなねき　　2　おまねき　　3　おなめき　　4　おまめき

4　信用を失ってはビジネスはできない。

1　うしなって　　2　やしなって　　3　あしらって　　4　おぎなって

5　花と緑に囲まれた家に住みたい。

1　めぐまれた　　2　つつまれた　　3　かこまれた　　4　いとなまれた

6　お互いに体に気をつけて頑（がん）張りましょう。

1　おかだい　　2　おたがい　　3　おとがい　　4　おだかい

7　子供らしく素直に育ってほしい。

1　そじき　　2　そなお　　3　そっちょく　　4　すなお

8　この歌には争いをやめようというメッセージが込められている。

1　たたかい　　2　きそい　　3　あらそい　　4　いさかい

9　結婚して以来、私はすっかり妻に頼っている。

1　はまって　　2　たもって　　3　ひたって　　4　たよって

10　スピーチで漢字を読み間違えて恥をかいた。

1　あせ　　2　いびき　　3　はじ　　4　あぐら

問題2　＿＿＿の言葉を漢字で書くとき、最もよいものを1・2・3・4から一つ選びなさい。

11　国によって文化やしゅうかんは異なる。

1　週間　　2　習慣　　3　主観　　4　週刊

12 うちあわせは2時からです。

1 打ち合わせ　2 待ち合わせ　3 持ち合わせ　4 落ち合わせ

13 明日はさいじつでお休みだ。

1 祝日　2 察日　3 際日　4 祭日

14 こちらに勤務先とぶしょ名をお書きください。

1 部暑　2 部所　3 部署　4 部諸

15 幼い子にきちんとあいさつをされてかんしんした。

1 喜心　2 関心　3 寒心　4 感心

問題3 （　）に入れるのに最もよいものを、1・2・3・4から一つ選びなさい。

16 この試験に受かった人は二（　）試験が受けられる。

1 期　2 次　3 部　4 助

17 家の事情で（　）学することにしました。

1 無　2 退　3 誤　4 中

18 兄は消防（　）に勤めています。

1 著　2 所　3 暑　4 署

19 友達の石田（　）が遊びに来た。

1 殿　2 様　3 君　4 奥

20 年賀（　）を印刷する。

1 状　2 札　3 礼　4 紙

21 おかげさまで両親は（　）在です。

1 存　2 健　3 現　4 保

22 現代社会の（　）問題についての講演を聞く。

1 諸　2 第　3 総　4 要

問題4 次の（　）に入る言葉を下から選び、漢字で書きなさい。

兄はいつも私をからかうので23（　　　）と思うこともある。でも、困(こま)ったとき、いつも助けてくれる24（　　　）人だ。もう半年も会っていないので、兄が25（　　　）。

なさけない	にくらしい	たのもしい	こいしい	あさましい

問診票（もんしんひょう）

Medical Examination Sheet　问诊表　문진표

●どうしましたか？（　　　　　　　　）　いつからですか？（　　　　　　　　）

●痛（いた）いところがありますか？　□はい→□腹　□背中…　□いいえ　☞ 痛 419

●次の病気にかかったことがありますか？

□ぜん息（そく） asthma 哮喘 천식　□高血圧（こうけつあつ）　□心臓病（しんぞうびょう）　□血液病（けつえきびょう）　□神経症（しんけいしょう） neurosis 精神疾病 신경증　☞ 神 418

□アレルギー性鼻炎（びえん） allergic nasal inflammation 过敏性鼻炎 알러지성 비염　□その他（　　　）

●次のことに答えてください。

酒（さけ）やビールなど　□飲む→量は（　　）を１日に（　　）ぐらい　□飲まない　☞ 酒 594

タバコ　□吸う→量は１日に（　　　）ぐらい　□吸わない

睡（すい）眠　□よく眠れる　□普通　□眠れない

●次の質問に答えてください。

・薬や注射（しゃ）で気分が悪くなったことがありますか？　□はい　□いいえ

・食欲はありますか？　□はい　□いいえ

・胃腸（ちょう）が弱いですか？　□はい　□いいえ

・疲れやすいですか？　□はい　□いいえ

・胸が苦（くる）しくなることがありますか？　□はい　□いいえ　☞ 苦 553

No.	漢字	画数	読み	語（読み）	意味
359	腹	13 画	フク / はら	腹痛（ふくつう）	stomachache 腹痛 복통
360	背	9 画	せ	背中（せなか）	a back 脊背、背面 등
361	息	10 画	ソク / いき	休息（きゅうそく）	rest 休息 휴식
				息（いき）	a breath 气息 숨, 호흡
				◎息子（むすこ）	a son 儿子、男孩 아들
362	血	6 画	ケツ / ち	高血圧（こうけつあつ）	high blood pressure 高血压 고혈압
				血（ち）	blood 血 피
363	圧	5 画	アツ	圧力（あつりょく）	pressure 压力 압력
364	臓	19 画	ゾウ	心臓（しんぞう）	a heart 心脏 심장
				内臓（ないぞう）	internal organs 内脏 내장
365	液	11 画	エキ	血液（けつえき）	blood 血液 혈액
366	鼻	14 画	ビ / はな	耳鼻科（じびか）	otorhinology 耳鼻科 이비과
				鼻（はな）	a nose 鼻子 코
				鼻水（はなみず）	nasal mucous 鼻水 콧물
367	吸	6 画	キュウ / す-う	呼吸（こきゅう）	respiration 呼吸 호흡 ☞ 呼 442
				吸収（きゅうしゅう）	absorption 吸收 흡수
				吸う（すう）	breathe/inhale 吸，吸收，吸入 피다
368	眠	10 画	ミン / ねむ-い / ねむ-る	睡眠（すいみん）	a sleep 睡眠 수면
				眠い（ねむい）	sleepy 想睡觉 졸리다
				眠る（ねむる）	sleep 睡觉 잠들다
				居眠り（いねむり）	doze 打瞌睡、打盹 앉아서 졺 ☞ 居 506
369	欲	11 画	ヨク / ほ-しい	食欲（しょくよく）	appetite 食欲 식욕
				欲張り（よくばり）	greed 贪婪(的人) 욕심쟁이
				欲しい（ほしい）	want 希望 갖고 싶다
370	疲	10 画	つか-れる	疲れる（つかれる）	get tired/exhaust 疲劳 지치다
371	胃	9 画	イ	胃（い）	a stomach 胃 위
				胃腸（いちょう）	a stomach and intestines 肠胃 위장
372	胸	10 画	むね	胸（むね）	a chest/breast 胸 가슴

第5週
だい しゅう

つかう②

Use ②

用②

사용하다②

1日目　家庭用品（ポット・ヒーター）

かていようひん

Household Goods (thermos flask, heater)　家庭用品（热水瓶・电炉）　가정용품 (포트・히터)

◆ポット

Thermos Flask　壶，热水瓶　포트

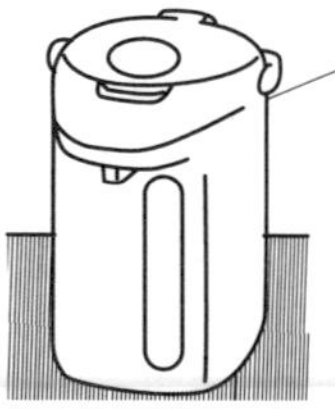

注意！ 傾けたり横転させると、お湯がもれて、やけどの恐れやほかのものを汚す原因となります。幼児の手の届かないところに置いてください。

No.	漢字	画数	読み	語	意味	語	意味
373	傾	13画	ケイ／かたむ-く／かたむ-ける	傾向（けいこう）	a trend/tendency　倾向　경향		
				傾く（かたむ）	tilt/incline　倾斜　기울다	傾ける（かたむ）	(make something) tilt/incline　使倾斜　기울이다
374	横	15画	オウ／よこ	横転（おうてん）	overturn　横向倒下、跌倒　옆으로 넘어짐	横断歩道（おうだんほどう）	a pedestrian crossing　斑马线　횡단보도
				横（よこ）	side　横　옆		
375	湯	12画	トウ／ゆ	熱湯（ねっとう）	boiling water　热水　뜨거운 물　☞熱 381	湯（ゆ）	hot water　热水　뜨거운 물
				湯飲み（ゆの）	teacup　茶杯　찻잔	湯気（ゆげ）	steam　蒸汽　김 , 수증기
376	恐	10画	キョウ／おそ-れる／おそ-ろしい	恐怖（きょうふ）	fear　恐怖　공포　☞怖 703	恐ろしい（おそ）	fearful/terrible　可怕的　두렵다
				恐れ（おそ）	fear/risk　有…的危险　두려움 , 공포	恐れ入ります（おそい）	I beg your pardon. / Excuse me.　不好意思　죄송합니다
377	原	10画	ゲン／はら	原料（げんりょう）	(raw) material　原料　원료	原産（げんさん）	origin/native　原产　원산
				野原（のはら）	a field　原野　들판		
378	因	6画	イン	原因（げんいん）	a cause　原因　원인	要因（よういん）	a factor　主要原因　요인
379	置	13画	チ／お-く	位置（いち）	a location　位置　위치	装置（そうち）	device　装置　장치
				置く（お）	put　放置　두다	物置（ものおき）	a closet/storeroom　仓库小屋　광 , 곳간

練習　正しいほうに○をつけ、文の漢字にひらがなで読みを書きなさい。

① 試験に出される問題の（a. 傾向　b. 原因）を調べて受験勉強をする。

② 「（a. 恐れ入ります　b. 恐ろしいです）が、荷物はそちらに置いてください。」

③ アフリカ（a. 原料　b. 原産）のお茶を飲む。

④ この車にはABSという安全（a. 装置　b. 位置）がついています。

（答えは別冊 p.7）

◆石油（せきゆ）ヒーター

Kerosene Heater
煤油取暖炉　석유히터

寝るとき 消火

換気必要 1時間に 1～2回

●熱くなりますので、燃焼中は手を触れないでください。
●古い灯油は使用しないでください。

子：余った灯油は来年使えばいいね。
父：いや、使い切らないとダメなんだよ。ほら、書いてある。

No.	漢字	画数	読み	語	意味	語	意味
380	寝	13画	シン / ね-る	寝室（しんしつ）	a bedroom　寝室　침실	寝坊（ねぼう）	a late riser / getting up late　早上赖床　늦잠　☞坊 466
				寝る（ね）	sleep　睡觉　자다	昼寝（ひるね）	a nap　午觉　낮잠
381	熱	15画	ネツ / あつ-い	熱（ねつ）	heat/fever　热　열	熱心（ねっしん）(な)	enthusiastic/zealous　热心　열심
				熱中（ねっちゅう）	mania/passion/enthusiasm　热中　열중	熱い（あつ）	hot　热　뜨겁다
382	焼	12画	ショウ / や-く / や-ける	燃焼（ねんしょう）	combustion　燃烧　연소		
				焼く（や）	roast/grill　烧　태우다，굽다	焼ける（や）	be burnt/baked　燃烧　타다，구워지다
383	触	13画	ショク / ふ-れる / さわ-る	接触（せっしょく）	contact　接触　접촉 ☞接 395	感触（かんしょく）	(the sense of) touch　感触　감촉
				❗触れる（ふ）	touch/mention　触　닿다，접촉하다	❗触る（さわ）	touch　摸　건드리다，만지다
384	灯	6画	トウ	灯油（とうゆ）	kerosene　灯油　등유	灯台（とうだい）	a lighthouse　灯台　등대
				蛍光灯（けいこうとう）	a fluorescent light　日光灯　형광등	電灯（でんとう）	an electric light　电灯　전등
385	油	8画	ユ / あぶら	石油（せきゆ）	oil (petroleum)　石油　석유	原油（げんゆ）	crude oil　原油　원유
				油断（ゆだん）	negligence/inattention　疏忽大意　방심，부주의	油（あぶら）	oil　油　기름
386	余	7画	ヨ / あま-る	余分（よぶん）(な)	excessive　剩余　여분	余計（よけい）(な)	excessive / needless　多余　쓸데없음
				余裕（よゆう）	leeway (e.g. time to spare)　余裕、从容　여유	余る（あま）	be left over　剩余　남다，(수량이) 넘다

練習　正しいほうに○をつけ、文の漢字にひらがなで読みを書きなさい。

① 「作品には手を（a. 触れないで　b. 届けないで）ください。」

② 今朝は寝坊をして朝食をとる（a. 余分　b. 余裕）がなかった。

③ 電灯をつけるのを忘れるぐらいゲームに（a. 熱心　b. 熱中）した。

④ （a. 灯台　b. 灯油）は船に位置を教えます。

（答えは別冊 p.8）

2日目　家庭用品（かていようひん）　洗剤（せんざい）①

Household Goods (Detergents) ①
家庭用品（洗洁剂）①
가정용품 (세제) ①

No.	漢字	画数	読み	語（読み）	意味
387	毛	4画	モウ / け	羊毛（ようもう）	wool 羊毛 양털
				毛（け）	fur/hair/wool 毛 털
				毛皮（けがわ）	fur 毛皮 모피
388	糸	8画	いと	糸（いと）	a thread 线 실
				毛糸（けいと）	woollen yarn 毛线 모사
389	肌	6画	はだ	肌（はだ）	skin 皮肤 피부
				肌着（はだぎ）	an undershirt 贴身衣物 속옷
390	柔	9画	ジュウ / やわ-らかい	柔軟（じゅうなん）（な）	flexible 柔软 유연제
				柔道（じゅうどう）	judo 柔道 유도
				柔らかい（やわ）	soft/tender 柔软 부드럽다
391	香	9画	コウ / かお-り / かお-る	香水（こうすい）	perfume 香水 향수
				無香料（むこうりょう）	no scent 不含香料 무향료 ☞ 無 484
				香辛料（こうしんりょう）	spice 香辣调味料 향신료 ☞ 辛 544
				香り（かお）	a scent / smell 香 향기
392	軟	11画	ナン / やわ-らかい	軟弱（なんじゃく）（な）	weak 软弱 연약
				柔軟体操（じゅうなんたいそう）	warm-up exercises 伸展操 유연체조 ☞ 操 450
				❗軟らかい（やわ）	soft 柔软 부드럽다

練習　正しいほうに○をつけ、文の漢字にひらがなで読みを書きなさい。

① スポーツには（a. 軟弱　b. 柔軟）体操は欠かせない。

② 猫（ねこ）を抱（だ）いたら、服に猫（ねこ）の（a. 毛　b. 糸）がたくさんついてしまった。

③ この化粧品は肌の弱い方用で、（a. 香料　b. 香辛料）は使用しておりません。

④ 妹は（a. 茶道　b. 柔道）の選手です。

（答えは別冊 p.8）

洗剤(ざい)は水によく溶かしてからご使用ください。

洗濯の前にえり・そで口などの汚れに直接塗った後、洗濯機でほかの物と一緒に洗剤(ざい)で洗います。泥汚れも黄ばみもすっきり落とします。

No.	漢字	画数	読み	語彙		語彙	
393	溶	13画	ヨウ と-ける と-かす	溶岩(ようがん) 溶ける(と)	lava 溶岩 용암 ☞ 岩 458 dissolve/melt/thaw 溶解 녹다	溶かす(と)	dissolve/melt 溶解 녹이다
394	濯	17画	タク	洗濯(せんたく)	washing 洗衣服 세탁	洗濯機(せんたくき)	a washing machine 洗衣机 세탁기
395	接	11画	セツ	直接(ちょくせつ) 面接(めんせつ)	direct 直接 직접 an interview 面试 면접 ☞ 面 449	間接(かんせつ) 接近(せっきん)	indirect 间接 간접 proximity 接近 접근
396	塗	13画	ぬ-る	塗る(ぬ)	paint/spread 涂抹 칠하다, 바르다		
397	緒	14画	ショ	一緒(いっしょ)	together 一起 함께		
398	泥	8画	どろ	泥(どろ)	mud 泥 진흙	泥棒(どろぼう)	a thief 小偷 도둑 ☞ 棒 453
399	黄	11画	オウ き	卵黄(らんおう) (卵の)黄身(きみ)	a yolk 蛋黄(卵黄) 노른자(난황) ☞ 卵 598 身 433	黄色(きいろ)	yellow 黄色 노랑

練習 正しいほうに○をつけ、文の漢字にひらがなで読みを書きなさい。

① その看板は黄色いペンキで（a. 写して　b. 塗って）あってよく目立つ。

② この風邪(かぜ)薬はお湯に（a. 溶かして　b. 溶けて）お飲みください。

③ 子供(こども)たちは（a. 泥　b. 肌）だらけになって遊ぶので、洗濯が大変だ。

④（a. 一諸　b. 一緒）に映画に行きませんか。

（答えは別冊 p.8）

3日目　家庭用品（かていようひん）　洗剤（せんざい）②

Household Goods (Cleansers) ②
家庭用品（洗洁剂）②
가정용품 (세제) ②

用途および使用方法：家具、床、壁、ドアなどにスプレーし、乾いた布でふきとってください。水がしみこみやすい家具や柱などには使用できません。

No.	漢字	画数	読み	語	意味
400	途	10画	ト	用途（ようと）	a use　用途　용도
				中途（ちゅうと）	midway/unfinished　中途　중도
				途中（とちゅう）	on the way / part way　途中　도중
				途端（とたん）	just as (…something happened)　刚一…时　바로 그 순간, 하자마자
401	具	8画	グ	道具（どうぐ）	a tool　道具　도구
				家具（かぐ）	furniture　家具　가구
				具合（ぐあい）	condition　情况　형편 , 상태
				雨具（あまぐ）	rain gear　雨具　우비
402	床	7画	ショウ ゆか とこ	起床（きしょう）	getting up　起床　기상
				❗床（ゆか）	floor　（室内的）地板　마루
				床屋（とこや）	a barbershop　理发店　이발소
				床の間（とこのま）	alcove (a place for traditional pictures and ornaments) 和式房间里为挂画和陈设装饰物品而略将地板加高的地方 일본건축에서 객실인 다다미방의 정면에 , 바닥을 한층 높여 만들어 놓은 곳 . 벽에는 족자를 걸고 , 바닥에 도자기 , 꽃병 등을 장식한다 .
403	壁	16画	かべ	壁（かべ）	wall　墙壁　벽
404	乾	11画	カン かわ-く かわ-かす	乾電池（かんでんち）	a dry cell battery 干电池　건전지
				乾く（かわく）	dry　干　마르다 , 건조하다
				乾かす（かわかす）	dry something 弄…干、晒干、烤干　말리다
405	布	5画	フ ぬの	毛布（もうふ）	a blanket　毛毯　모포 , 담요
				分布（ぶんぷ）	distribution　分布　분포
				❗座布団（ざぶとん）	zabuton; square Japanese floor cushion 坐垫　방석
				布（ぬの）	a cloth　布　직물
406	柱	9画	チュウ はしら	電柱（でんちゅう）	a telegraph pole　电线杆子　전신주
				柱（はしら）	a pillar/post　柱子　기둥

練習　正しいほうに○をつけ、文の漢字にひらがなで読みを書きなさい。

① いい天気なので（a. 毛布　b. 分布）を洗った。よく乾いた。

② この花入れは柱にかけたり、（a. 床屋　b. 床の間）に置いたりしてください。

③ 家に帰る（a. 中途　b. 途中）、コンビニに寄って、乾電池を買った。

④（a. 床　b. 壁）にカーペットをしく。

（答えは別冊 p.8）

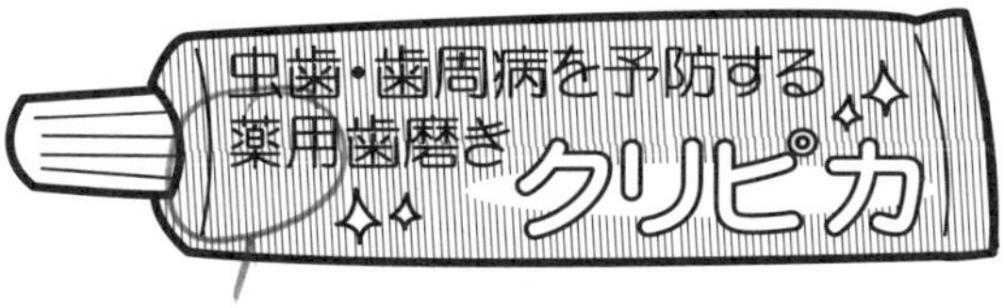

使い方：
お湯で髪と頭皮（とうひ）をよくすすいでからお使いください。

No.	漢字	画数	読み	語	意味	語	意味
407	虫	6画	チュウ / むし	防虫剤（ぼうちゅうざい）	insect repellant 防虫剂 방충제	殺虫剤（さっちゅうざい）	an insecticide 杀虫剂 살충제
				虫（むし）	insect 虫 벌레	虫歯（むしば）	a decayed tooth 蛀牙 충치
408	歯	12画	シ / は	歯科（しか）	dentistry 牙科 치과	歯周病（ししゅうびょう）	periodontal disease 牙周病 치주병
				歯医者（はいしゃ）	a dentist 牙医 치과 의사	歯車（はぐるま）	a toothed wheel 齿轮 톱니바퀴
409	防	7画	ボウ / ふせ-ぐ	予防（よぼう）	prevention/precaution 预防 예방	消防（しょうぼう）	fire fighting 消防 소방
				防止（ぼうし）	prevention 防止 방지	❗防ぐ（ふせ）	prevent 防止 막다，방지하다
410	磨	16画	みが-く	磨く（みが）	polish/brush 磨 닦다，광을 내다	歯磨き（はみが）	tooth brushing 刷牙、牙刷 양치질
411	抜	7画	バツ / ぬ-く / ぬ-ける	抜群（ばつぐん）	outstanding/unrivaled 出众 발군，뛰어남 ☞ 群 561	抜ける（ぬ）	fall out / be missing 脱落 빠지다
				抜く（ぬ）	remove/extract/omit 抽出 뽑다，빼내다	追い抜く（おぬ）	leave behind 赶过 추월하다
412	悩	10画	なや-む	悩む（なや）	worry (about something) 烦恼 고민하다	悩み（なや）	a worry/distress 烦恼 고민
413	髪	14画	かみ	髪（かみ）	hair 头发 머리카락	髪の毛（かみけ）	a hair 头发 머리카락
				⊖白髪（しらが）	white/gray hair 白发 백발		

練習 正しいほうに○をつけ、文の漢字にひらがなで読みを書きなさい。

① 歯医者で歯を（a. 抜いた　b. 抜けた）ばかりなので具合が悪い。

② 髪がぬれたままだと風邪（かぜ）を引くから（a. 磨いた　b. 乾かした）ほうがいいですよ。

③ 毛糸のセーターを引き出しやタンスにしまう際には、（a. 防虫剤　b. 殺虫剤）を一緒に入れます。

④ 歯周病（a. 予防　b. 防止）によく効く歯磨きを買う。

（答えは別冊 p.8）

4日目　家庭用品（薬）

かていようひん　くすり

Household Goods (Medicine)
家庭用品（药品）
가정용품（약）

No.	漢字	画数	読み	語	意味	語	意味
414	刺	8画	シ さ-す さ-さる	名刺（めいし） 刺す（さ）	a name card 名片 명함 stab (something) 刺 찌르다	刺激（しげき） 刺さる（さ）	a stimulus 刺激 자극 be pierced 扎 찔리다
415	肩	8画	かた	肩（かた）	shoulder 肩膀 어깨	肩書き（かたが）	a title 头衔 직함
416	腰	13画	ヨウ こし	腰痛（ようつう） 腰掛ける（こしか）	(lower) backache 腰痛 요통 sit 坐下 걸터앉다	腰（こし） 腰掛け（こしか）	waist/hip 腰 허리 a chair/seat 凳子 의자
417	節	13画	セツ ふし	関節（かんせつ） 節約（せつやく）	a joint 关节 관절 thrift 节约 절약	調節（ちょうせつ） ❗節（ふし）	an adjustment 调节 조절 a knot (in wood) / joint 节 마디，이음새
418	神	9画	シン ジン かみ	神話（しんわ） 神経（しんけい） 神様（かみさま）	a myth 神话 신화 nerve 神经 신경 a god 神 신	神道（しんとう） 神社（じんじゃ）	Shintoism 神道 신도 a shrine 神社 신사
419	痛	12画	ツウ いた-い いた-む	頭痛（ずつう） 痛い（いた）	a headache 头痛 두통 sore/painful 痛 아프다	苦痛（くつう） 痛む（いた）	pain/suffering 痛苦 고통 ☞ 苦 553 ache/hurt 疼痛 아프다，괴롭다

練習　正しいほうに○をつけ、文の漢字にひらがなで読みを書きなさい。

① 名刺の（a. 品書き　b. 肩書き）によれば、あの人は偉（えら）い人のようだ。

② 神社には（a. 上様　b. 神様）が、寺（てら）には仏（ほとけ）様がいらっしゃいます。

③ この腰掛けは高さが（a. 調節　b. 調子）できます。

④ 虫に（a. 抜かれて　b. 刺されて）かゆい。

（答えは別冊 p.8）

- 入浴後のご使用が効果的です。汗や水分を拭（ふ）き取ってから、おはりください。
- 刺激（げき）や異常を感じた時は使用を中止し、医師に相談してください。
- 薬の乾燥を防ぐため、開封後は点線を折り曲げて保存してください。

420	浴	10画	ヨク あ-びる	入浴（にゅうよく）	bathing 入浴 입욕	浴室（よくしつ）	a bathroom 浴室 욕실
				海水浴（かいすいよく）	sea bathing 海水浴 해수욕	❗浴（あ）びる	pour (water) over oneself / soak up 淋 끼얹다, 쬐다
				⊖浴衣（ゆかた）	yukata (summer kimono) 浴衣 유카타 (아래위에 걸쳐서 입는 두루마기 모양의 긴 무명 홑옷)		
421	的	8画	テキ	目的（もくてき）	an aim / purpose 目的 목적	具体的（ぐたいてき）(な)	concrete/specific 具体的 구체적
				～的（てき）	like / in the manner of (adjectival-noun forming suffix) …的 ～적	的確（てきかく）(な)	accurate/exact 的确 정확함
422	汗	6画	あせ	汗（あせ）	perspiration/sweat 汗 땀		
423	師	10画	シ	医師（いし）	a doctor 医生 의사	教師（きょうし）	a teacher 教师 교사
				技師（ぎし）	an engineer 技师 기사 ☞ 技 729		
424	談	15画	ダン	相談（そうだん）	a consultation 商量 상담	会談（かいだん）	conference/talks 会谈 회담
				冗談（じょうだん）	a joke 开玩笑 농담		
425	燥	17画	ソウ	乾燥（かんそう）	dryness 干燥 건조		
426	折	7画	セツ お-れる お-る	骨折（こっせつ）	☞ 骨 691		
				折（お）れる	break 折断 접히다, 부러지다	折（お）る	break/fold (something) 折断 접다, 구부리다

練習 正しいほうに○をつけ、文の漢字にひらがなで読みを書きなさい。

① (a. 汁　b. 汗) をかいたのでシャワーを浴びたい。

② 医師に相談したら (a. 的確な　b. 快適な) 助言※をしてくれた。※助言＝アドバイス

③ 指を (a. 折って　b. 祈って) 数を数える。

④ この洗濯機には (a. 乾電　b. 乾燥) 機能も付いています。

(答えは別冊 p.8 ～ 9)

第五週

5日目　食品（しょくひん）

Food
食品
식품

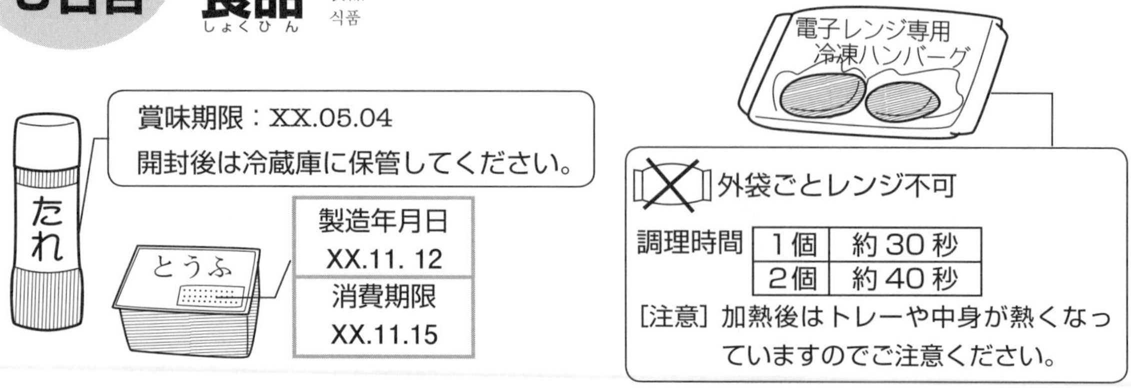

No.	漢字	画数	読み	語	意味	語	意味
427	賞	15画	ショウ	賞（しょう）	a prize　상　奖	賞金（しょうきん）	a prize (money)　奖金　상금
				賞品（しょうひん）	prize (goods)　奖品　상품	賞味期限（しょうみきげん）	best-before date　保存期限　유효기간
428	庫	10画	コ	金庫（きんこ）	a safe　金库　금고	車庫（しゃこ）	a garage　车库　차고
				冷蔵庫（れいぞうこ）	a refrigerator　冰箱　냉장고		
429	造	10画	ゾウ つく-る	製造（せいぞう）	manufacture　制造　제조	改造（かいぞう）	conversion/adaptation　개조　改造
				造る（つくる）	make　制、作、造 제조하다		
430	費	12画	ヒ	費用（ひよう）	an expense / cost　费用　비용	～費（ひ）	expense/cost　～费　～비
				消費（しょうひ）	consumption　消费　소비		
431	可	5画	カ	可（か）	acceptable/possible　可以　가	不可（ふか）	unacceptable　不可以　불가
				可能（な）（かのう）	possible　可能　가능	可決（かけつ）	approval　通过　가결
432	秒	9画	ビョウ	秒（びょう）	a second　秒　초		
433	身	7画	シン み	自身（じしん）	oneself　本身　자신	出身（しゅっしん）	coming from ...　籍贯、出身、毕业　출신
				身体（しんたい）	body　身体 몸　신체	身長（しんちょう）	height　身高 신장
				❗中身（なかみ）	content　馅、里面、内容 알맹이，내용물	刺身（さしみ）	sashimi (sliced raw fish)　生鱼片 생선회

練習　正しいほうに○をつけ、文の漢字にひらがなで読みを書きなさい。

① ～酒造（しゅぞう）というのは酒（さけ）を（a. 製造　b. 改造）している会社です。

② この試合の（a. 費用　b. 賞金）の額は１位と２位とでは全然違う。

③「（a. 身長　b. 身体）と体重をここに記入してください。」

④ この電車は（a. 車庫　b. 金庫）に入りますので、ご乗車になれません。

（答えは別冊 p.9）

◆インスタント・ラーメン Instant Ramen (noodles)　方便面　인스턴트 라면

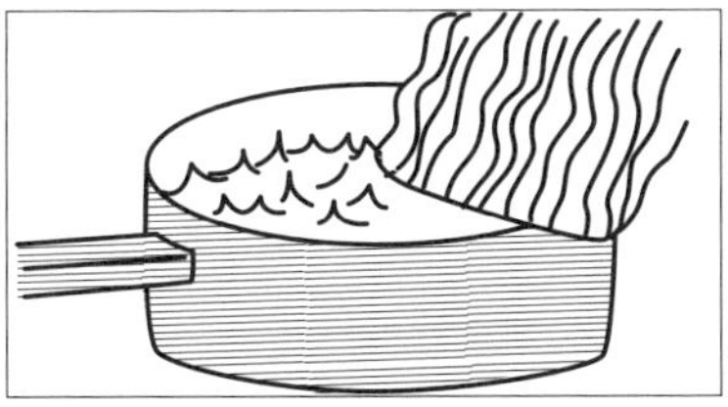

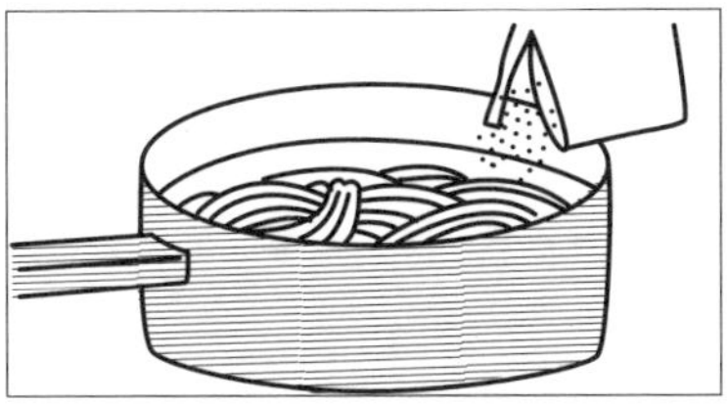

おいしい召し上がり方

①お湯カップ２杯半を沸騰させ、めんを入れて軽くほぐしながら、３分煮ます。

②火を止めてから粉末スープを加えると、できあがり！ ★お好みにより野菜や肉などを入れますと、栄養のバランスもよく召し上がれます。

434	召	5画	め-す	召し上がる（め・あ）	eat (polite form)　吃、喝　드시다		
435	杯	8画	ハイ さかずき	～杯（はい）	... cups　～杯　～잔	乾杯（かんぱい）	cheers!　干杯　건배
				❗杯（さかずき）	sake cup　酒杯　술잔		
436	沸	8画	フツ わ-く わ-かす	沸騰（ふっとう）	boiling　沸腾　（액체가）끓어오름		
				沸く（わ）	boil　沸腾　끓다	沸かす（わ）	boil something　使…沸腾　끓이다
437	粉	10画	フン こ こな	粉末（ふんまつ）	powder　粉末　분말, 가루	花粉（かふん）	pollen　花粉　꽃가루
				小麦粉（こむぎこ）	wheat flour　面粉　밀가루 ☞ 麦 486	粉（こな）	powder/flour　粉末　가루
438	末	5画	マツ すえ	月末（げつまつ）	the end of the month　月底　월말		
				末（すえ）	the end　结尾、末端　말, 끝	末っ子（すえこ）	youngest child　老幺　막내
439	栄	9画	エイ さか-える	栄養（えいよう）	nutrition　营养　영양	繁栄（はんえい）	prosperity　繁荣　번영
				栄える（さか）	flourish/prosper　繁荣、兴旺　번영하다		

練習 正しいほうに○をつけ、文の漢字にひらがなで読みを書きなさい。

①「開封後はなるべく早く（a. お召し上がり　b. お召しになって）ください。」

②「この町の発展（はってん）と繁栄を願って、（a. 一杯　b. 乾杯）！」

③「（a. 年末　b. 年未）年始は休業とさせていただきます。」

④ 明日は（a. 粉末　b. 花粉）が多くなりそうです。ご注意ください。

（答えは別冊 p.9）

6日目　インターホン・パソコン

Intercom, Personal Computers
对讲机・个人电脑
인터폰・컴퓨터

◆インターホン Intercom　对讲机　인터폰

チャイムが鳴ったら受話器を取って話します。訪問者の顔も見えます。ほかの部屋を呼び出すときは呼出ボタンを押します。非常を知らせるときは非常警報ボタンを強く押します。警報音を止めるには、カバーを裏から押し戻し、元の位置にセットします。

No.	漢字	画数	読み	語	意味	語	意味
440	鳴	14画	な-る な-らす な-く	鳴る（な）	ring/chime 鸣 소리가 나다, 널리 알려지다	鳴らす（な）	ring/chime (a bell) 鸣 소리를 내다, (평판・명성을) 날리다
				怒鳴る（どな）	shout 大声斥责 소리치다, 호통치다 ☞怒 467	鳴く（な）	chirp/croak/bleat (etc.) 啼叫 (새・벌레・짐승 등이) 울다
441	訪	11画	ホウ おとず-れる たず-ねる	訪問（ほうもん）	a visit 访问 방문		
				❗訪れる（おとず）	visit/come (e.g. "the day came") 拜访 방문하다, 찾아오다	❗訪ねる（たず）	visit 询问 방문하다
442	呼	8画	コ よ-ぶ	呼吸（こきゅう）	respiration 呼吸 호흡		
				呼ぶ（よ）	call 叫唤 부르다, 초대하다	呼び出す（よ だ）	call/summon 唤出来 불러내다
443	警	19画	ケイ	警官（けいかん）	a police officer 警官 경관 ☞官 726	警備（けいび）	security 警备 경비
				警察（けいさつ）	police 警察 경찰 ☞察 514		
444	報	12画	ホウ	警報（けいほう）	warning/alarm 警报 경보	予報（よほう）	a forecast 预报 예보
				情報（じょうほう）	information 信息 정보	電報（でんぽう）	a telegram 电报 전보
445	裏	13画	うら	裏（うら）	the reverse/back 背面 뒷면, (옷의) 안	裏口（うらぐち）	a back door 后门 뒷문
				裏切る（うらぎ）	betray 背叛 배신하다	裏表（うらおもて）	both sides 正反两面 안팎, 겉과 속이 다름

練習 正しいほうに○をつけ、文の漢字にひらがなで読みを書きなさい。

① 訪問販売の人が何度も（a. 訪ねて　b. 栄えて）きてチャイムを鳴らす。

② 台風が近づいて雨や風が強くなり、注意報が（a. 警報　b. 電報）に変わった。

③ あの人の言動には（a. 内外　b. 裏表）があって、信用できない。

④ お客様に（a. お呼び出し　b. お呼び込み）を申し上げます。

（答えは別冊 p.9）

◆パソコン

Personal Computer　个人电脑　컴퓨터

✉ 受信メール

差出人	件名
M.Sato	はじめまして。
Ai Nakata	昨日の件

接続中……

●日本語辞書ソフト「○○」の使い方
①デスクトップ上の📖をクリックします。
②画面の指示に従って操作してください。
(起動しないときはメニューより「ファイル名を指定して実行」を選び、[C:¥ XXX.exe] を指定してください。)

●行挿入(そう)の操作

編集	表示	挿入(そう)	
	1	行	3
A		列	
B			

No.	漢字	画数	読み	語	意味	語	意味
446	差	10画	サ / さ-す	交差点(こうさてん)	an intersection　十字路口　교차점	差出人(さしだしにん)	a sender　寄件人　발송인
				差(さ)	difference　差　차이	人差し指(ひとさしゆび)	an index finger　食指　집게 손가락
				差別(さべつ)	discrimination　差别　차별		
447	続	13画	ゾク / つづ-く / つづ-ける	接続(せつぞく)	a connection　接续　접속	継続(けいぞく)	continuity　继续　계속
				続く(つづ)	continue　继续　이어지다 / 계속되다	手続き(てつづ)	a procedure　手续　수속
448	辞	13画	ジ / や-める	辞書(じしょ)	a dictionary/lexicon　词典　사전	辞典(じてん)	a dictionary　字典　사전
				辞表(じひょう)	resignation　辞呈　사표	辞める(や)	resign/retire　辞职　사임하다 / 그만두다
449	面	9画	メン	画面(がめん)	a screen　画面　화면	方面(ほうめん)	direction　方面　방면
				正面(しょうめん)	front　正面　정면	面積(めんせき)	an (surface) area　面积　면적
450	操	16画	ソウ	操作(そうさ)	operation/manipulation　操作　조작	体操(たいそう)	exercise/gymnastics　体操　체조
451	実	8画	ジツ / み / みの-る	実行(じっこう)	practice/action　实行　실행	実験(じっけん)	an experiment　实验　실험
				事実(じじつ)	a fact　事实　사실		
				❗実(み)	a fruit/nut　果实　과실	実る(みの)	bear fruit　结果实　열매맺다
452	列	6画	レツ	列(れつ)	a line/queue　列　열	行列(ぎょうれつ)	a procession　行列　행렬
				列車(れっしゃ)	a train　列车　열차	列島(れっとう)	an archipelago　群岛　열도 ☞ 島 521

練習　正しいほうに○をつけ、文の漢字にひらがなで読みを書きなさい。

① (a. 正面　b. 前面) 玄関(げんかん)は閉まっていますから、裏口から入ってください。

② 合格した人は入学 (a. 手続き　b. 操作) をしてください。

③ 新製品を買いたい人の (a. 行　b. 列) が店の前から交差点まで続いている。

④ 私は課長(かちょう)に (a. 辞表　b. 裏表) を出した。

(答えは別冊 p.9)

第5週　つかう②

7日目　実戦問題

Practice Exercise
实战问题
실전문제

制限時間：15分
1問4点×25問

点数　／100

（答えは別冊 p.9）

問題1　＿＿＿の言葉の読み方として最もよいものを、1・2・3・4から一つ選びなさい。

1　苦労をすると<u>白髪</u>が多くなると言います。

1　かつら　　2　しろげ　　3　はくが　　4　しらが

2　<u>布</u>製のバッグに本を入れる。

1　むの　　2　なの　　3　ふの　　4　ぬの

3　地震で家が<u>傾いた</u>。

1　ひびいた　　2　きずついた　　3　かたむいた　　4　おどろいた

4　日本のお土産に<u>浴衣</u>はいかがですか。

1　ゆかた　　2　せんす　　3　うちわ　　4　ゆのみ

5　この虫は指で<u>触る</u>と体を丸くします。

1　いじる　　2　ふれる　　3　さわる　　4　あたる

6　<u>物置</u>に眠っている不用品を回収いたします。

1　そうこ　　2　もつおき　　3　ぶっち　　4　ものおき

7　私は5人兄弟の<u>末っ子</u>です。

1　まつっこ　　2　すえっこ　　3　みっこ　　4　ひとりっこ

8　木の<u>実</u>を拾い集める。

1　み　　2　は　　3　こ　　4　ね

9　お湯が<u>沸いた</u>。

1　ふいた　　2　まいた　　3　わいた　　4　ないた

10　<u>悩み</u>を相談する人がいない。

1　なやみ　　2　むやみ　　3　のぞみ　　4　ねたみ

問題2　＿＿＿の言葉の読み方として最もよいものを、1・2・3・4から一つ選びなさい。

11　台風が日本に<u>せっきん</u>している。

1　最近　　2　接近　　3　間近　　4　遠近

12 彼女は北海道しゅっしんです。

1 中身　2 自身　3 白身　4 出身

13 かぐを買わずにレンタルする。

1 家具　2 家貝　3 家見　4 家旦

14 かべにポスターがはってあります。

1 柱　2 壁　3 床　4 布

15 水をいっぱいください。

1 一枚　2 一杯　3 一技　4 一牧

問題3　（　　）に入れるのに最もよいものを、1・2・3・4から一つ選びなさい。

16 強いにおいが苦手なので、（　　）香料のものを選ぶ。

1 無　2 非　3 不　4 全

17 一ヵ月の食（　　）はいくらぐらいかかりますか。

1 賃　2 代　3 費　4 料

18 ここは追い（　　）禁止区間です。

1 付き　2 込み　3 出し　4 抜き

19 1分は60（　　）だ。

1 砂　2 科　3 秒　4 料

20 日本の代表（　　）な祭りに参加する。

1 式　2 的　3 色　4 化

問題4　次の下線部を漢字で書きなさい。

電気もうふ　使用上のご注意

! 低温やけどのおそれ[21]あり。乳幼児や自分で温度ちょうせつ[22]のできない方、皮膚の弱い方が使用する場合は特に注意してください。

! おり[23]たたんだまま使用しないこと。

! 重いものを上におかない[24]こと。

! 電気コタツなどと一緒に使用しないこと。

! もうふ[25]は手洗いしてください。

第五週

漢字を使って遊ぼう

かんじ　つか　あそ

Playing with Kanji　玩汉字游戏　한자를 써서 놀자

◆ゲーム1

パズルの中には次のことばが使われています。空いているところにひらがなを入れてパズルを完成させましょう。上から下、左から右に読みます。

[ヨコ] 泥棒 thief 小偷 도둑　枯れる wither 枯萎 마르다, 시들다　舟 boat 舟 배
貧しい poor 贫穷 가난하다, 빈약하다　昔 long ago / old times 从前 옛날　岩 rock 岩石 바위
泣く cry/weep 哭 울다　咲く bloom 开花 （꽃이）피다
司会 moderation/facilitation (of a meeting) 司仪 사회　残念 regret/disappointment 遗憾 유감

[タテ] 涼しい cool 凉快 시원하다, 선선하다　散歩 walk/stroll 散步 산책　吹く blow 吹 불다
赤ん坊 baby 婴儿 아기　怒る be angry 生气 화내다, 꾸짖다　家畜 livestock 家禽 가축
才能 ability/talent 才能 재능　珍しい rare 珍贵 희귀하다, 신기하다

■	■	■	■	①	■	■	■	■	②	ね
■	■	■	■	ず	■	さ	■	な		■
■	■	め	■	し	か	③	■	■	■	④
■	ま	⑤	し	い	■	の	■	■	■	こ
■	■	ら	■	■	■	う	■	⑥	れ	る
む	か	⑦	■	■	あ	■	■	ち	■	■
■	■	い	⑧	■	か	■	⑨	く	■	■
■	■	■	■	⑩	ん	⑪	ん	■	■	■
■	■	■	■	■	ぼ	■	ぽ	■	■	■
■	■	ど	ろ	ぼ	⑫	■	■	■	■	■

◆ゲーム2

次の漢字は何と読むでしょう？　書き入れたひらがなを次のように組み合わせるとわかりますよ。☞ 組481

く

A．鈴　①⑤
B．節　②⑦
C．稲　③⑪
D．傘　⑥⑨
E．技　⑧⑩ ☞ 技729
F．魚　⑫④

453 棒 12画 ボウ
454 枯 9画 か-れる
455 舟 6画 ふね
456 貧 11画 まず-しい
457 昔 8画 むかし
458 岩 8画 ガン いわ
459 泣 8画 な-く
460 咲 9画 さ-く
461 司 5画 シ
462 念 8画 ネン
463 涼 11画 すず-しい すず-む
464 散 12画 サン ち-る/ち-らす ち-らかす ち-らかる
465 吹 7画 ふ-く
466 坊 7画 ボウ ボッ
467 怒 9画 ド おこ-る
468 畜 10画 チク
469 才 3画 サイ
470 珍 9画 めずら-しい

答え：①す　②ふ　③い　④お　⑤ず　⑥か　⑦し　⑧わ　⑨さ　⑩ざ　⑪ね　⑫う

第6週

だい　しゅう

みる②

Look and See ②

看②

보다②

1日目　広告(こうこく)・チラシ

Advertisements, Leaflets
广告・广告单
광고・전단지

No.	漢字	画数	読み	語	意味	語	意味
471	得	11画	トク / え-る / う-る	得(とく)	a profit/benefit 有利 얻음, 이득	納得(なっとく)	assent/understanding 理解 납득
				得(え/う)る	obtain 得到 얻다	心得(こころえ)る	understand / be well aware 领会 이해하다, 터득하다
472	告	7画	コク / つ-げる	広告(こうこく)	an advertisement 广告 광고	報告(ほうこく)	a report 报告 보고
				警告(けいこく)	warning/caution 警告 경고	❗告(つ)げる	inform 告诉 고하다, 알리다
473	税	12画	ゼイ	税金(ぜいきん)	a tax 税金 세금	消費税(しょうひぜい)	a consumption tax 消费税 소비세
				税関(ぜいかん)	Customs 关税 세관	課税(かぜい)	taxation 课税 과세 ☞課 572
474	価	8画	カ	定価(ていか)	a fixed price 定价 정가	物価(ぶっか)	price / cost of living 物价 물가
475	格	10画	カク	価格(かかく)	a price 价格 가격	性格(せいかく)	character/personality 性格 성격
476	超	12画	チョウ / こ-える / こ-す	超(ちょう)～	ultra-/super- 超～ 초～	超過(ちょうか)	excess/surplus 越过 초과
				超(こ)える	get over / go over / exceed 越过 넘다, 초과하다	超(こ)す	cross/pass/exceed 超过 넘다, 초과하다
477	均	7画	キン	平均(へいきん)	an average 平均 평균	均等(きんとう)	uniformity/equality 均等 균등
				❗均一(きんいつ)	uniformity 均等 균일		

練習　正しいほうに○をつけ、文の漢字にひらがなで読みを書きなさい。

① 消費税は商品に（a. 均等　b. 平均）に課税される。

②「広告が事実と異なり、（a. 心得　b. 納得）がいかない場合はこちらにご連絡を。」

③「○○ランドの入場者数がすでに百万人を（a. 超え　b. 告げ）ました。」

④ 世界で最も（a. 定価　b. 物価）の高い都市はどこでしょう。

（答えは別冊 p.9）

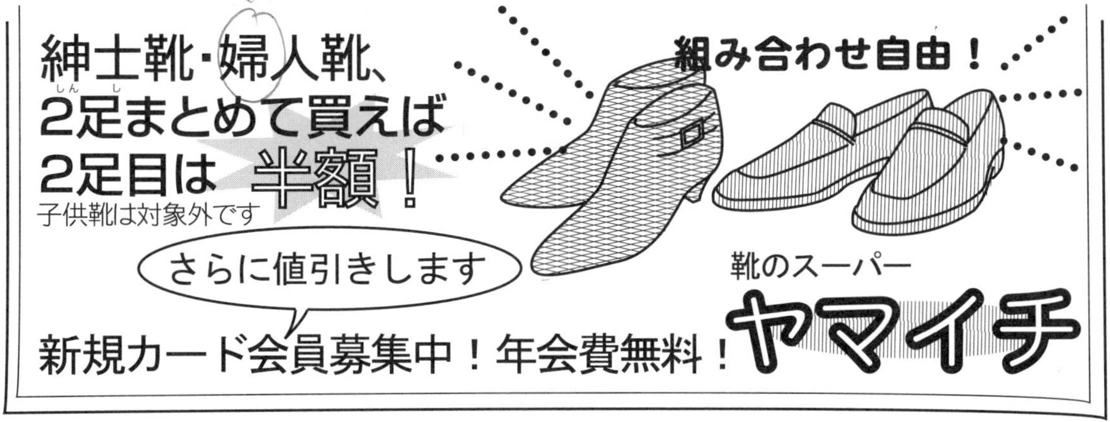

478	靴	13画	くつ	靴（くつ）	shoes 鞋子 신발, 구두	靴下（くつした）	socks 袜子 양말
				長靴（ながぐつ）	boots 靴子 장화	雨靴（あまぐつ）	rain shoes 雨靴 우화, 레인슈즈
479	供	8画	キョウ とも	提供（ていきょう）	an offer / a tender 提供 제공		
				子供（こども）	a child 小孩 아이, 어린이		
480	象	12画	ショウ ゾウ	印象（いんしょう）	an impression 印象 인상	現象（げんしょう）	a phenomenon 现象 현상
				対象（たいしょう）	object (e.g. of study) 对象 대상	象（ぞう）	an elephant 象 코끼리
481	組	11画	ソ く-む くみ	組織（そしき）	an organization 组织 조직	番組（ばんぐみ）	a (TV) program 节目 방송프로
				組み合わせ（くみあわせ）	combination 搭配 편성	組合（くみあい）	an association 组合 조합
482	値	10画	チ ね あたい	価値（かち）	value/worth 价值 가치	数値（すうち）	an numerical value 数值 수치
				値段（ねだん）	a price 价格 가격	❗値（あたい）	value 价值 가격, 가치
483	募	12画	ボ つの-る	募集（ぼしゅう）	recruitment 招募 모집	応募（おうぼ）	an application 应征 응모 ☞応 571
				募金（ぼきん）	fund-raising 募捐 모금	❗募る（つのる）	collect/raise (money), recruit 越来越厉害 모으다, 모집하다
484	無	12画	ム ブ な-い	無料（むりょう）	no charge 免费 무료	❗有無（うむ）	existence or nonexistence 有无 유무
				❗無事（ぶじ）	unharmed/safe 平安 무사	～無し（なし）	no ... ～无 ～없음

練習 正しいほうに○をつけ、文の漢字にひらがなで読みを書きなさい。

① 子供を（a. 対象　b. 対照）としたテレビ番組を制作する。

② コレステロールの（a. 数値　b. 価値）が上がっているので注意してください。

③（a. 靴下　b. 雨靴）は無いが、ぬれてもいい靴ならある。

④ この番組は○○食品の（a. 提供　b. 現象）でお送りしました。

（答えは別冊 p.10）

第六週

2日目　折り込み広告（おりこみこうこく）

Advertising Inserts
夹报广告
접어서 끼워넣는 광고물

No.	漢字	画数	読み	語	意味	語	意味
485	詰	13画	つ-める つ-まる	詰（つ）める	stuff/cram/pack 塞满、填满　채워 넣다 , 담다	缶詰（かんづめ）	food etc. in a can 罐头　통조림
				箱詰（はこづ）め	food etc. in a box 箱装　상자에 담음		
486	麦	7画	むぎ	小麦粉（こむぎこ）	(wheat) flour　面粉　밀가루	麦畑（むぎばたけ）	a wheat field　麦田　보리밭
487	純	10画	ジュン	純粋（じゅんすい）（な）	pure　纯粹　순수	純情（じゅんじょう）（な）	a pure heart　纯情　순정
				単純（たんじゅん）（な）	simple / simple-minded 单纯 단순　☞単 567	純米酢（じゅんまいす）	pure rice vinegar 纯米醋　순미 식초
488	草	9画	ソウ くさ	雑草（ざっそう）	weed　杂草　잡초	除草（じょそう）	weeding　除草　제초
				草（くさ）	grass　草　풀	草花（くさばな）	a flowering plant　花草　화초
489	塩	13画	エン しお	食塩（しょくえん）	table salt　食盐　식염		
				塩（しお）	salt　盐　소금		
490	固	8画	コ かた-い かた-まる	固定（こてい）	stability/fixation　固定　고정	固体（こたい）	solid (body)　固体　고체
				固形（こけい）	solid (form)　固体　고형		
				固（かた）い	hard　坚固　딱딱하다	固（かた）まる	harden 凝固　굳어지다 , 딱딱해지다
491	演	14画	エン	実演（じつえん）	a demonstration　实际演出　실연	演技（えんぎ）	acting/performance 演技　연기　☞技 729
				演習（えんしゅう）	exercises/maneuvers 演习　연습	演説（えんぜつ）	a speech/oration　演说　연설

練習　正しいほうに○をつけ、文の漢字にひらがなで読みを書きなさい。

① 草花や野菜、果物などを箱に（a. 詰めて　b. 固めて）出荷する。

② その作業は（a. 純粋　b. 単純）だが、ミスをすると危険だ。

③ 商品を使ったり作ったりして見せて売ることを（a. 実演　b. 演習）販売という。

④ 年に２回、住民による地域の（a. 雑草　b. 除草）作業が行われる。

（答えは別冊 p.10）

No.	漢字	画数	読み	語	意味	語	意味
492	菓	11画	カ	菓子（かし）	sweets 点心 과자		
				和菓子（わがし）	Japanese sweets 日本式点心 일본식 과자	洋菓子（ようがし）	Western sweets 西式点心 서양 과자
493	贈	18画	おく-る	贈り物（おくりもの）	a gift 礼物 선물	贈る（おくる）	present/give 赠送 보내다, 선사하다
494	省	9画	セイ ショウ はぶ-く	帰省（きせい）	homecoming 返乡 귀성	反省（はんせい）	self-examination 反省 반성
				～省（しょう）	Ministry of… ～部 ～성	省エネ（しょうエネ）	energy saving 节省能源 에너지 절약
				❗省く（はぶく）	delete/omit 省略 줄이다, 생략하다	省略（しょうりゃく）	an abbreviation/omission 省略 생략 ☞略 535
495	承	8画	ショウ うけたまわ-る	了承（りょうしょう）	consent/approval 了解 승낙, 양해	承認（しょうにん）	approval/confirmation 承认 승인
				承知（しょうち）	knowledge/consent 知道 알고 있음, 승낙함	❗承る（うけたまわる）	serve/attend to 承诺（谦让语） 삼가 받다, 삼가 듣다
496	展	10画	テン	展覧会（てんらんかい）	an exhibition 展览会 전람회	展示（てんじ）	exhibition/display 展览 전
				～展（てん）	… exhibition ～发展 ～전	発展（はってん）	development 发展 발전
497	破	10画	ハ やぶ-れる やぶ-る	破格（はかく）	exceptional 破例 파격	破産（はさん）	bankruptcy 破产 파산
				破片（はへん）	a fragment 破片 파편		
				破れる（やぶれる）	break/rip 被打破 깨지다, 부서지다	破る（やぶる）	break/rip/violate (something) 弄破 깨다, 부수다
498	処	5画	ショ	処理（しょり）	disposal/processing 处理 처리	処置（しょち）	management/measure 处置 처치
				処分（しょぶん）	disposal/punishment 处分 처분		

練習 正しいほうに○をつけ、文の漢字にひらがなで読みを書きなさい。

① 事故（じこ）（a. 処置　b. 処理）中の道路に、まだ車の破片が散らばっている。

② 贈り物の包装はサービスカウンターで（a. 承ります　b. 預ります）。

③ 省エネというのはエネルギーを（a. 省略　b. 節約）することです。

④ 全国の珍しいお菓子を集めた（a. 展示　b. 発展）会が開かれた。

（答えは別冊 p.10）

第六週

3日目　広告（こうこく）

Advertisements
广告
광고

くりこま温泉
花の宿むらやま

四季折々の美しい花々と
豊富な旬（しゅん）の味が自慢（まん）

くりこま駅より送迎バス有り
1泊2食付　お一人様　7,800円～

No.	漢字	画数	読み	語	意味	語	意味
499	泉	9画	セン いずみ	温泉（おんせん） 泉（いずみ）	a hot spring　温泉　온천 a spring　泉　샘		
500	宿	11画	シュク やど	宿題（しゅくだい） ❗宿（やど）	a homework　课外作业　숙제 an inn　旅店　숙소，여관	下宿（げしゅく）	lodgings　出租的房子　하숙
501	季	8画	キ	季節（きせつ） 冬季（とうき）	a season　季节　계절 the winter season　冬季　동계	四季（しき）	four seasons　四季　사계
502	豊	13画	ホウ ゆた-か	豊作（ほうさく） ❗豊か（ゆた）（な）	a bumper crop　豊收　풍작 wealthy/abundant　丰富　풍족함，부유함		
503	富	12画	フ と-む とみ	豊富（ほうふ）（な） 富む（と）	abundant　丰富　풍부 be wealthy/abundant　富有　부유하다，풍부하다	富士山（ふじさん） ❗富（とみ）	Mount Fuji　富士山　후지산 wealth　财富　부，재산
504	迎	7画	ゲイ むか-える	送迎（そうげい） 迎える（むか）	a pickup service　接送　송영 (go to) meet / welcome　迎接　맞이하다	歓迎（かんげい） 出迎え（でむか）	a welcome　欢迎　환영 going to meet someone (e.g. at the station)　迎接　마중
505	泊	8画	ハク と-まる と-める	～泊（はく） 泊まる（と）	… night stay　～夜　～박 stay　投宿　묵다，머물다	宿泊（しゅくはく）	lodging　住宿　숙박

練習　正しいほうに○をつけ、文の漢字にひらがなで読みを書きなさい。

① 週末は富士山の近くの温泉（a. 家　b. 宿）に泊まる予定です。
しゅうまつ ふじさん ちかく おんせん　やど　と　よてい

② 冬季オリンピック選手の帰国を空港で（a. 出迎える　b. 迎えに行く）。
とうき　せんしゅ きこく くうこう　むか

③ この町は自然に囲まれた緑（a. 豊かな　b. 富む）ところです。
まち しぜん かこ　みどり ゆた

④ 明日から（a. 1泊　b. 1晩）2日の旅行に行きます。
あした　りょこう

（答えは別冊 p.10）

入居者募集！

築16年　角部屋

駅から徒歩5分

家賃5.9万円　管理費4,000円

礼金1　敷金（しき）2

ワンルーム　15畳35平米

保証（しょう）金・解約金なし

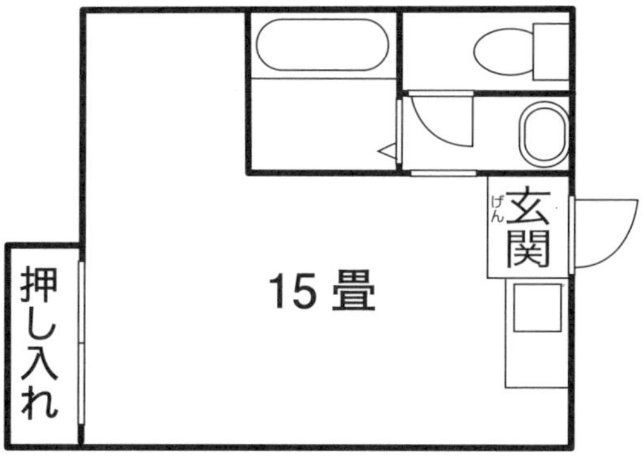

番号	漢字	画数	読み	語	意味	語	意味
506	居	8画	キョ / い-る	入居（にゅうきょ）	moving into (e.g. an apartment) 入住　입주	居間（いま）	a living room 起居室　거실
				居眠り（いねむ）	a doze 打磕睡、打盹儿　앉아서 졺	居る（い）	be 在　있다, 존재하다
507	築	16画	チク	築～年（ちく～ねん）	built in …(year) 修筑～年 지은 지 ～년	建築（けんちく）	architecture 建筑　건축
508	角	7画	カク / かど	三角（さんかく）	a triangle 三角　삼각	角度（かくど）	an angle 角度　각도
				方角（ほうがく）	direction/way 方向　방위, 방향	❗角（かど）	a corner 角　모퉁이
509	徒	10画	ト	生徒（せいと）	a student 学生　생도, 학생	徒歩（とほ）	going on foot 徒步　도보
510	畳	12画	ジョウ / たた-む / たたみ	畳（たたみ）	tatami (Japanese straw mat) 榻榻米　다다미	畳む（たた）	fold 叠　개다, 개키다
				～畳（じょう）	…mats　～迭　～조（～帖（じょう）とも書く）		
511	米	6画	ベイ / マイ / こめ	欧米（おうべい）	Europe and America / the West 欧美 구미（유럽과 미국）☞ 欧 667	平米（へいべい）	square meters 平方米　평방미터
				❗新米（しんまい）	① new rice　新米　햅쌀 ② new face　新进员工, 新手　신인	米（こめ）	rice 稻米　쌀
512	解	13画	カイ / と-く	解説（かいせつ）	an explanation 解说　해설	解決（かいけつ）	a solution 解决　해결
				解放（かいほう）	a release 解放 해방	解散（かいさん）	dissolution 解散 해산
				解約（かいやく）	a cancellation (of a contract) 解除契约　해약	❗解く（と）	solve/untie 解答　풀다, 뜯다

練習　正しいほうに○をつけ、文の漢字にひらがなで読みを書きなさい。

① 様々な（a. 方角　b. 角度）からアプローチして問題を解決する。

② 居間と食堂を合わせて12（a. 畳　b. 置）です。

③ 私は大学で（a. 新築　b. 建築）の勉強をしています。

④ お金が必要になったので、定期預金を（a. 解約　b. 解決）する。

（答えは別冊 p.10）

第六週

4日目　地図（ちず）

Maps
地图
지도

◆駅周辺地図（えきしゅうへんちず）

Map of the Station and Surrounding Area
火车站周辺地图　역주변 지도

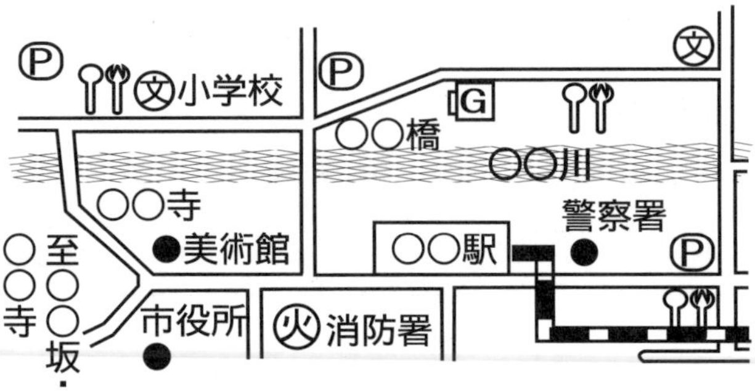

No.	漢字	画数	読み	語	意味	語	意味
513	辺	5画	ヘン あた-り べ	この辺（へん）	around here　这边　이 근처	周辺（しゅうへん）	vicinity　周围　주변
				❗辺り（あた）	around　附近　근처, 부근	海辺（うみべ）	a beach　海边 바닷가
514	察	14画	サツ	警察（けいさつ）	police　警察　경찰	診察（しんさつ）	a (medical) consultation　诊断　진찰
515	役	7画	ヤク エキ	役所（やくしょ）	a government office 官署　관청, 관공서	役目（やくめ）	a role / duty　任务　역할
				役者（やくしゃ）	an actor　演员　배우	現役（げんえき）	active service　现役　현역
516	美	9画	ビ うつく-しい	美人（びじん）	a beautiful woman　美人　미인	美容（びよう）	beauty treatment　美容　미용
				美しい（うつく）	beautiful　漂亮　아름답다		
517	術	11画	ジュツ	美術（びじゅつ）	(fine) art　美术　미술	技術（ぎじゅつ）	technique/technology 技术 기술　☞技 729
				手術（しゅじゅつ）	surgery/operation　手术　수술	芸術（げいじゅつ）	art　艺术　예술　☞芸 538
518	坂	7画	さか	坂（さか）	hill/slope　斜坡　고개	〜坂（ざか）	… Hill　〜坡　〜고개
519	寺	6画	ジ てら	〜寺（じ）	…Temple　〜寺　〜사	寺院（じいん）	a temple/ an abbey　寺院　사원
				寺（てら）	a temple　寺庙　절		

練習　正しいほうに○をつけ、文の漢字にひらがなで読みを書きなさい。

① この（a. 坂　b. 役）を上ると美しいお寺がありますよ。

② 市役所は（a. 警察　b. 診察）署の向かいにあります。

③ 日本の科学（a. 技術　b. 手術）を学ぶために来ました。

④ あのお相撲さんは（a. 現役　b. 役目）を引退して解説者になるそうだ。

（答えは別冊 p.10 〜 11）

◆観光地図（かんこうちず）

Sightseeing Map
观光地图　관광지도

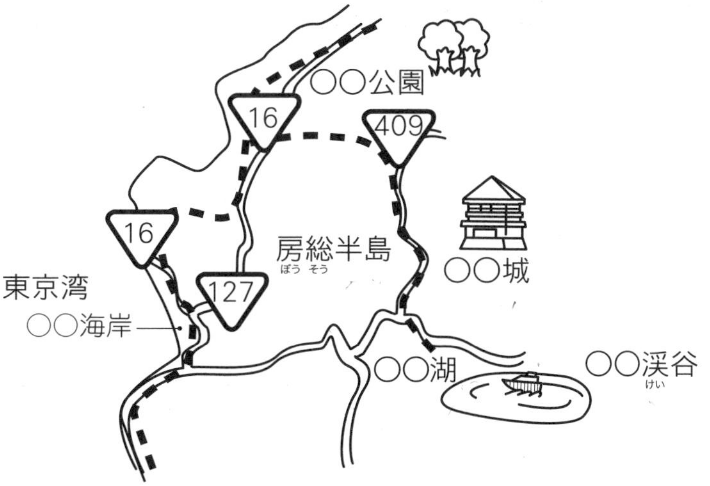

520	湾	12画	ワン	湾（わん）	a bay 湾　만	～湾（わん）	… Bay ～湾　～만
521	島	10画	トウ しま	～島（とう）	… Island ～岛　～도	半島（はんとう）	a peninsula 半岛　반도
				列島（れっとう）	an archipelago 群岛　열도	島（しま）	an island 岛　섬
522	岸	8画	ガン きし	海岸（かいがん）	a seashore 海岸　해안	湾岸（わんがん）	a gulf 海湾的沿岸　만의 연안
				岸（きし）	a shore/bank 岸　물가	川岸（かわぎし）	a riverbank 河岸　강변
523	園	13画	エン	公園（こうえん）	a park 公园　공원 ☞ 公 587	動物園（どうぶつえん）	zoo 动物园　동물원
				遊園地（ゆうえんち）	an amusement park 游乐场　유원지	～園（えん）	… Park ～园　～원
524	湖	12画	コ みずうみ	～湖（こ）	… Lake ～湖　～호		
				湖（みずうみ）	a lake 湖　호수		
525	城	9画	ジョウ しろ	～城（じょう）	… Castle ～城　～성		
				城（しろ）	a castle 城　성		
526	谷	7画	コク たに	渓谷（けいこく）	a gorge/ravine 溪谷　계곡	谷（たに）	a valley 谷　골짜기
				谷間（たにま）	a valley/ravine 峡谷　산골짜기	谷川（たにがわ）	a mountain stream 山谷间的溪流　계류

練習　正しいほうに○をつけ、文の漢字にひらがなで読みを書きなさい。

① 湖の（a. 岸　b. 谷）に白鳥（はくちょう）がたくさんいるのが見える。

② 日本（a. 半島　b. 列島）を北から南まで旅行してみたい。

③ この公園の中に、お（a. 城　b. 湾）や植物園があります。

④（a. 渓谷　b. 海岸）には波（なみ）で打ち寄せられたごみが落ちていた。

（答えは別冊 p.11）

第六週

5日目　文化財・展示（ぶんかざい・てんじ）

Cultural Property
文物・展示
문화재・전시

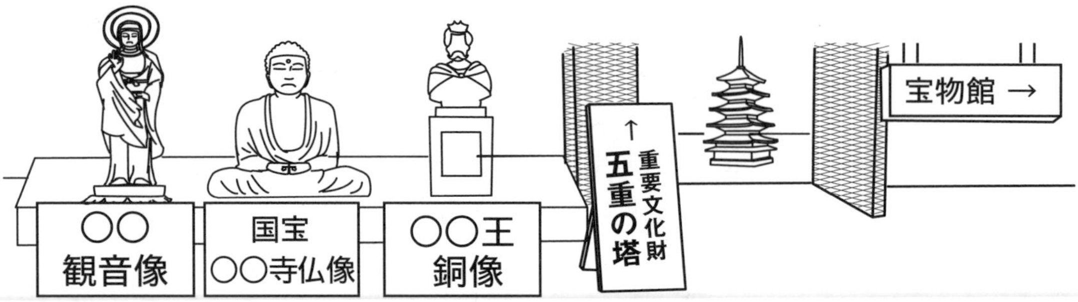

527	財	10画	ザイ / サイ	財産（ざいさん）	property/fortune 财产 재산	文化財（ぶんかざい）	cultural property 文化财产 문화재
				❗財布（さいふ）	a wallet/purse 钱包 지갑		
528	観	18画	カン	観光（かんこう）	sightseeing 观光 관광	観客（かんきゃく）	a spectator/audience 观众 관객
				観察（かんさつ）	observation 观察 관찰	❗観音（かんのん）	Kannon/the Buddhist Deity of Mercy 观世音菩萨 관음, 관세음
529	宝	8画	ホウ / たから	宝石（ほうせき）	a jewel/gem 宝石 보석	宝物館（ほうもつかん）	museum of treasures 宝物馆 보물관
				国宝（こくほう）	a national treasure 国宝 국보	宝物（たからもの）	treasure 宝物 보물
530	仏	4画	ブツ / ほとけ	仏教（ぶっきょう）	Buddhism 佛教 불교	仏像（ぶつぞう）	a statue of Buddha 佛像 불상
				仏（ほとけ）	Buddha/deceased person 佛 불, 부처	日仏（にちふつ）	Japan and France 日本和法国 일본과 프랑스
531	王	4画	オウ	国王（こくおう）	a king 国王 국왕	王子（おうじ）	a prince 王子 왕자
				王女（おうじょ）	a princess 公主 왕녀	女王（じょおう）	a queen 女王 여왕
532	銅	14画	ドウ	銅（どう）	copper/bronze 铜 동	銅像（どうぞう）	a bronze statue 铜像 동상
533	塔	12画	トウ	塔（とう）	a tower/pagoda 塔 탑	五重の塔（ごじゅうのとう）	a five-storied pagoda 五重塔 오층탑
				～塔（とう）	... Pagoda ～塔 ～탑		

練習　正しいほうに○をつけ、文の漢字にひらがなで読みを書きなさい。

① このツアー※の（a. 観光　b. 観察）コースにパリのエッフェル塔も入っています。

※ツアー：（パッケージツアー）
tour　专线旅游　투어

② この建物は（a. 財産　b. 国宝）に指定されています。

③ 渋谷（しぶや）駅の犬の（a. 銅像　b. 仏像）の前で待ち合わせしましょう※。

※待ち合わせする：meet / arrange to meet
碰头，会面　만나기로 하고 기다리다

④ あの国には３人の（a. 王子　b. 玉子）がいます。

（答えは別冊 p.11）

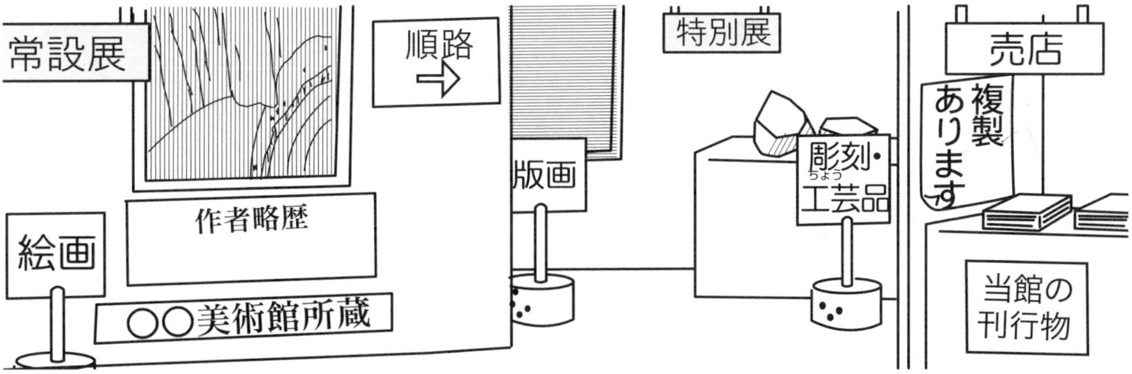

No.	漢字	画数	読み	語	意味	語	意味
534	絵	12画	エ カイ	絵（え）	a picture 画 그림	絵の具（えのぐ）	paints/colors 图画用颜料 그림 물감
				絵画（かいが）	a painting 绘画 회화, 그림		
535	略	11画	リャク	略（りゃく）	an abbreviation 概略 생략	略す（りゃくす）	abbreviate 省略 생략하다, 줄이다
				省略（しょうりゃく）	abbreviation/abridgment 省略 생략	略歴（りゃくれき）	a profile 简历 약력
536	順	12画	ジュン	順（じゅん）	order 次序 순서	順路（じゅんろ）	a route 顺路 길의 순서
				順番（じゅんばん）	a turn/order 顺序 차례	順調（じゅんちょう）	smooth/favorable 顺利 순조
537	版	8画	ハン	出版（しゅっぱん）	a publication 出版 출판	出版社（しゅっぱんしゃ）	publishing company 出版社 출판사
				版画（はんが）	a print / an engraving 版画 판화		
538	芸	7画	ゲイ	芸術（げいじゅつ）	art 艺术 예술	工芸（こうげい）	industrial arts 工艺 공예
				芸能（げいのう）	public entertainments 表演艺术的总称 예능	園芸（えんげい）	gardening 园艺 원예
539	複	14画	フク	複製（ふくせい）	a duplicate/replica 复制 복제	複雑（な）（ふくざつ）	complex/complicated 复杂 복잡
				複写（ふくしゃ）	a duplicate/copy 复写 복사	複数（ふくすう）	the plural (number) 复数 복수
540	刊	5画	カン	刊行物（かんこうぶつ）	a publication 发行物 간행물	朝刊（ちょうかん）	a morning newspaper 早报 조간
				週刊（しゅうかん）	weekly publication 周刊 주간	月刊（げっかん）	monthly publication 月刊 월간

第六週

練習 正しいほうに○をつけ、文の漢字にひらがなで読みを書きなさい。

① 有名な絵画の（a. 複写　b. 複製）を部屋にかざる。

② これに関する説明は複雑なため、ここでは（a. 省略　b. 節約）します。

③ 出版社の（a. 順番　b. 刊行物）の案内を見て、注文する。

④ 昨日、デパートでテレビによく出ている（a. 芸能　b. 役者）人を見かけた。

（答えは別冊 p.11）

6日目　どっち？

Which One?
哪一个？
어느쪽？

541	層	14画	ソウ	高層（こうそう）	the upper layers 高层 고층	低層（ていそう）	the lower layers 低层 저층
				一層（いっそう）	more / still more 一层 한층 더，더욱		
542	束	7画	ソク たば	約束（やくそく）	promise/appointment 约定 약속	束（たば）	a bunch/bundle 束 다발，묶음
				花束（はなたば）	bunch of flowers 花束 꽃다발	束ねる（たば）	bind in a bunch/bundle 捆、扎 묶다，통솔하다
543	甘	5画	あま-い あま-やかす	甘い（あま）	sweet 甜 달다，엄하지 않다	甘口（あまくち）	the sweet side 带甜味的 비교적 단 맛이 강함
				甘やかす（あま）	spoil (a child) 娇养 응석을 받아주다		
544	辛	7画	から-い	辛い（から）	(spicy) hot 辣 맵다，얼큰하다	辛口（からくち）	the dry side 辣味 매콤함
545	皿	5画	さら	皿（さら）	plate 盘子 접시	～皿（さら）	…plates ～盘 ～접시
				大皿（おおざら）	a big plate 大盘子 큰 접시	小皿（こざら）	a small plate 小盘子 작은 접시
546	綿	14画	メン わた	綿（めん）	cotton 棉 면，면사	木綿（もめん）	cotton / ctton cloth 木棉 면화，솜
				綿（わた）	cotton (wool) / a cotton plant 棉花 솜		
547	旧	5画	キュウ	旧館（きゅうかん）	the older building 旧馆 구관	旧姓（きゅうせい）	a maiden name 原来的姓 s 결혼 전의 성
				復旧（ふっきゅう）	restoration 恢复 복구		

練習　正しいほうに○をつけ、文の漢字にひらがなで読みを書きなさい。

① バラを花束にすると一層（a. 甘い　b. 辛い）香りがする。

② 肌が弱い人は、（a. 綿　b. 毛）のシャツを着るとよいでしょう。

③ 当店のスパゲティは（a. 一皿　b. 一山）が２人前の量です。

④ 今は田中ですが、（a. 前名　b. 旧姓）は 林です。

（答えは別冊 p.11）

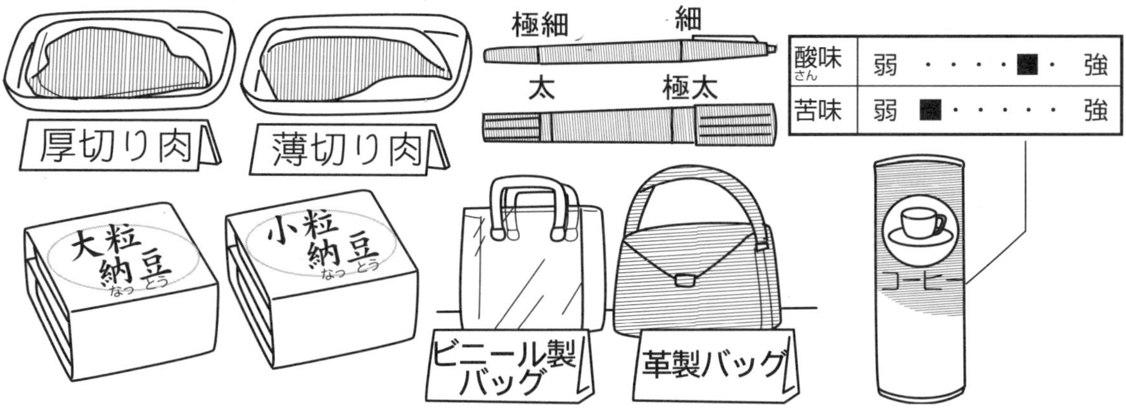

				厚生労働省（こうせいろうどうしょう）	☞ 労 668		
548	厚	9画	コウ あつ-い	厚い（あつ）	thick 厚 두껍다	厚切り（あつぎ）	thick slice 厚片 두껍게 자름
				厚かましい（あつ）	impudent 厚颜无耻 뻔뻔하다	厚手（あつで）	a thickly made article 质地厚 두께가 두꺼움
549	薄	16画	うす-い うす-める	薄い（うす）	thin (material) / light (color) / weak (drink) 薄 얇다, 연다, 싱겁다	薄切り（うすぎ）	thin slice 薄片 얇게 자름
				薄手（うすで）	a thinly made article 质地薄 얇음, 얄팍함	薄める（うす）	dilute 弄淡 연하게 하다, 싱겁게 하다
550	粒	11画	つぶ	粒（つぶ）	grain 颗粒 알	～粒（つぶ）	… grains ～粒 ～알
551	極	12画	キョク ゴク	北極（ほっきょく）	the North Pole 北极 북극	南極（なんきょく）	the South Pole 南极 남극
				積極的（せっきょくてき）	active/positive 积极地 적극적	消極的（しょうきょくてき）	passive/negative 消极地 소극적
				❗極（ごく）	very/extremely 非常 극		
552	革	9画	カク かわ	改革（かいかく）	a reform 改革 개혁	革命（かくめい）	a revolution 革命 혁명 ☞ 命 673
				革（かわ）	leather 皮革 가죽	革製（かわせい）	made of leather 使用皮革制作 피혁제품
553	苦	8画	ク くる-しい くる-しむ にが-い	苦痛（くつう）	pain/suffering 痛苦 고통	苦い（にが）	bitter 味苦 （맛이）쓰다, 괴롭다
				苦しい（くる）	distressful/trying 痛苦 괴롭다	苦しむ（くる）	suffer 感到痛苦 괴로워하다, 고생하다

練習 正しいほうに○をつけ、文の漢字にひらがなで読みを書きなさい。

① 「みそ汁（しる）、味が（a. 薄い　b. 厚い）から、今度からもう少し濃（こ）くして。」

② 「（a. 一層　b. 一粒）でお口の中がスッキリ※、さわやか！　○○キャンディー」

※スッキリ：clean/refreshing 舒畅，畅快，流畅 산뜻이

③ 「教育制度（きょういくせいど）の改革に（a. 消極的　b. 積極的）に取り組もう！」

④ フランス（a. 革命　b. 改革）は 1978 年に起きた。

（答えは別冊 p.11）

第6週　みる②

7日目　実戦問題（じっせんもんだい）

Practice Exercise
实战问题
실전문제

制限時間（せいげんじかん）：15分
1問4点×25問

点数（てんすう）　／100

（答えは別冊 p.11）

問題1　＿＿＿の言葉の読み方として最もよいものを、1・2・3・4から一つ選びなさい。

1　経験の<u>有無</u>は問いません。

1　あむ　　2　ゆうむ　　3　うむ　　4　ゆうぶ

2　料理の手間を<u>省く</u>ために電子レンジを活用する。

1　のぞく　　2　はぶく　　3　いだく　　4　ほどく

3　<u>入居者</u>を募集しています。

1　いりおしゃ　　2　にゅうこしゃ　　3　いりいしゃ　　4　にゅうきょしゃ

4　駅から<u>徒歩</u>3分のところに住んでいます。

1　とぽ　　2　そぽ　　3　とほ　　4　そほ

5　富を<u>得る</u>ことが幸せとは限らない。

1　ある　　2　いる　　3　える　　4　おる

6　この<u>辺り</u>に財布が落ちていませんでしたか。

1　とおり　　2　へんり　　3　まわり　　4　あたり

7　<u>木綿</u>のシャツを着る。

1　こめん　　2　きわた　　3　もめん　　4　こわた

8　長い髪はゴムで<u>束ねて</u>ください。

1　たばねて　　2　たまねて　　3　そこねて　　4　そくねて

9　放置自転車は市が<u>処分</u>します。

1　こぶん　　2　しょぶん　　3　きょぶん　　4　ちょぶん

10　燃えている家の中にいた子供は<u>無事</u>助け出された。

1　むごと　　2　むじ　　3　みごと　　4　ぶじ

問題2　＿＿＿の言葉を漢字で書くとき、最もよいものを1・2・3・4から一つ選びなさい。

11　私のふるさとは自然が<u>ゆたか</u>です。

1　富か　　2　豊か　　3　財か　　4　泉か

12 手がすべって、おさらを割ってしまった。

1 器　　2 皿　　3 甘　　4 宝

13 今日は牛肉がお買いどくです。

1 説　　2 特　　3 得　　4 読

14 日本でいちばん大きいみずうみはどこにありますか。

1 湖　　2 谷　　3 湾　　4 岸

15 1位の選手には賞金がおくられます。

1 募られ　　2 遅られ　　3 層られ　　4 贈られ

問題3　（　　）に入れるのに最もよいものを、1・2・3・4から一つ選びなさい。

16 乾電池のプラスとマイナスの（　　）をつなぐと電気が流れます。

1 角　　2 局　　3 曲　　4 極

17 6（　　）一間にバストイレ付きの部屋をさがしています。

1 粒　　2 畳　　3 部　　4 屋

18 24色の絵の（　　）を買った。

1 具　　2 材　　3 筆　　4 画

19 美術館に国宝（　　）を見に行ってきました。すばらしかったです。

1 園　　2 展　　3 芸　　4 財

20 新聞の朝（　　）を読む。

1 版　　2 刊　　3 組　　4 編

21 この図書は（　　）館にあります。

1 次　　2 古　　3 支　　4 旧

22 （　　）エネのため、使わない電気のコンセントは抜いてあります。

1 節　　2 略　　3 省　　4 消

問題4　次の（　　）に入る言葉を下から選び、漢字で書きなさい。

「超おいしい」とか「超きれい」という言い方がありますが、これは俗(ぞく)語（slang 俗语 속어）です。新幹(かん)線のことを超**23**（　　　　）と言ったり、とても安いものを超**24**（　　　　）、とても込んでいることを超**25**（　　　　）と言うのは正しい使い方です。

やすい	とっきゅう	まんいん	とっか	はやい	いっぱい

見た目が似ている漢字

Kanjis that look the same at first glance　看来很像的汉字　겉보기에 닮은 한자

次の言葉を漢字で書くと、どれでしょうか。

①こまる　a. 困　b. 因　c. 囚

ヒント：木がもっと大きくなりたいのになれなくてこまっています。

②こおり　a. 水　b. 氷　c. 永

ヒント：「冷たい」「凍る」も左のほうに「丶」がありますね。永は水泳の「泳」と同じ音です。長い時間を表します。

③おっと　a. 天　b. 未　c. 夫　d. 末

④知しき　a. 職　b. 識　c. 織

ヒント：知しきは「言」葉の意味をよく知っておぼえていきます。仕事は目で見て、「耳」で聞いて、おぼえていきます。

⑤はさむ　a. 挟　b. 狭　c. 峡

ヒント：「はさむ」という動作は「手」でしますよね。狭い↔広い

⑥むれ　a. 群　b. 郡

ヒント：羊(ひつじ)は「むれ」をつくりますね。

⑦そ先　a. 組　b. 粗　c. 祖

ヒント：親の親の親の、もっともっと前の親は、神様のような存在です。「神」の「ネ」がついているのは？

⑧ぐう然　a. 隅　b. 偶　c. 遇

ヒント：ぐう然、「人」と会った、とおぼえておきましょう。配ぐう者＝妻、または夫のこと。これも「人」。

No.	漢字	画数	読み	語	意味
554	困	7画	コン / こま-る		
555	氷	5画	こおり		
556	永	5画	エイ	永久(えいきゅう)	permanence / 永久 영구
557	夫	4画	フ / フウ / おっと		
558	識	19画	シキ		
559	挟	9画	はさ-む / はさ-まる	挟む(はさ)	pinch/insert / 夹 끼우다
560	狭	9画	せま-い		
561	群	13画	グン / む-れ		
562	祖	9画	ソ	祖先(そせん)	ancestors / 祖先 조상
563	隅	12画	すみ		❗「すみ」と「かど」に注意。「隅」は部屋の隅、「角」は角部屋、曲がり角
564	偶	11画	グウ	偶数(ぐうすう)	2で割り切れる数字

答え：①a　②b　③c　④b　⑤a　⑥a　⑦c　⑧b

第7週

だい　しゅう

よむ②

Read ②

读②

읽다②

1日目　求人(きゅうじん)・募集(ぼしゅう)

'Help Wanted', Recruitment
招聘・招募
구인・모집

◆求人情報(きゅうじんじょうほう) 'Help Wanted'　招聘信息　구인정보

> **スタッフ急募！　簡単な仕事です。**
> 資格：年齢・経験不問。普通自動車免許あればなお可。
> 給与：時給 800 円～
> 勤務：土日祝日できる方歓(かん)迎。勤務日・時間は相談に応じます。
> 応募：電話連絡の上、履(り)歴書ご持参ください。面接日は追って連絡します。

No.	漢字	画数	読み	語	意味	語	意味
565	求	7画	キュウ もと-める	求人(きゅうじん)	'Help Wanted'　招聘人员　구인	要求(ようきゅう)	a demand/request　要求　요구
				請求書(せいきゅうしょ)	a bill / an invoice　帐单　청구서	求める(もと)	demand/request　要求　구하다
566	簡	18画	カン	簡単(かんたん)	easy　简单　간단		
567	単	9画	タン	単語(たんご)	a word　单词　단어	単位(たんい)	a unit / credit 单位，学分　단위，학점
				単に(たん)	merely/simply　单　단지	単なる(たん)	mere/simple　仅仅　단순한
568	許	11画	キョ ゆる-す	許可(きょか)	permission　允许　허가	免許(めんきょ)	a permit / license　执照　면허
				❗許す(ゆる)	permit/allow　准许　허락하다		
569	給	12画	キュウ	給料(きゅうりょう)	a wage / salary　薪水　급료	支給(しきゅう)	a payment　支付　지급
				供給(きょうきゅう)	supply/provision　供给　공급	月給(げっきゅう)	a monthly wage　月薪　월급
				週給(しゅうきゅう)	a weekly wage　周薪　주급	日給(にっきゅう)	a daily wage　日薪　일당
570	与	3画	ヨ あた-える	給与(きゅうよ)	an allowance 支附金钱和物品　급여		
				❗与える(あた)	give/present　给与　주다		
571	応	7画	オウ	応募(おうぼ)	an application　应募　응모	応じる(おう)	respond　接受　응하다
				一応(いちおう)	tentatively　大略　일단	応用(おうよう)	putting to practical use 应用　응용

練習　正しいほうに○をつけ、文の漢字にひらがなで読みを書きなさい。

① 店のドアに「アルバイト求む」と、（a. 求人　b. 応募）の張り紙※がしてある。
※張り紙：poster/notice　广告　벽보

② （a. 支給　b. 時給）800円です。

③ ここに駐車するには会社の（a. 免許　b. 許可）が必要です。

④ 勤務時間は相談に（a. 応じます　b. 与えます）。

（答えは別冊 p.11 ～ 12）

◆**生徒募集**（せいとぼしゅう） Student Recruitment 招收学员　학생모집

青山日本語学校
昼間部専門課程募集中

★★★

奨（しょう）学金制度有り

短期集中講座受付中

初級コース　中級コース　上級コース

基礎（そ）からていねいに指導します。

No.	漢字	画数	読み	語	意味		語	意味		
572	課	15画	カ	課（か）	a lesson / section	课　과	課長（かちょう）	a section chief	科长	과장
				日課（にっか）	a daily lesson/task	每天必做的事情　일과				
573	程	12画	テイ	課程（かてい）	a course / curriculum	课程　과정	過程（かてい）	a process / course	过程	과정
				程度（ていど）	degree/amount	程度　정도	日程（にってい）	a schedule	日程	일정
574	制	8画	セイ	制度（せいど）	a system	制度　제도	制限（せいげん）	a restriction / limitation	限制	제한
				制作（せいさく）	work/production	制作　제작	体制（たいせい）	a system / structure	体制	체제
575	講	7画	コウ	講座（こうざ）	a class / course	讲座　강좌	講義（こうぎ）	a lecture	讲义	강의
				講演（こうえん）	a lecture	演讲　강연	講師（こうし）	a lecturer	讲师	강사
576	級	9画	キュウ	初級（しょきゅう）	beginning level	初级　초급	中級（ちゅうきゅう）	intermediate level	中级	중급
				上級（じょうきゅう）	advanced level	高级　상급	高級（こうきゅう）	high class/grade	高级	고급
577	基	11画	キ	基本（きほん）	a foundation / the basics	基本　기본	基礎（きそ）	a foundation / groundwork	基础	기초
				基準（きじゅん）	a standard/criterion	基准　기준	基地（きち）	a base	基地	기지
578	導	15画	ドウ みちび-く	指導（しどう）	leadership/guidance	指导　지도	導入（どうにゅう）	an introduction	导入	도입
				❗導く（みちびく）	lead	指引　안내하다				

練習　正しいほうに○をつけ、文の漢字にひらがなで読みを書きなさい。

① 機械を（a. 指導　b. 導入）して作業のスピードを上げる。

② 毎朝のランニングをするのが、私の（a. 日課　b. 日程）です。

③（a. 制限　b. 過程）時間内に問題を解く練習をする。

④ ラジオ（a. 講演　b. 講座）で日本語を勉強する。

（答えは別冊 p.12）

2日目　掲示板・地域新聞（けいじばん・ちいきしんぶん）

Notice Boards, Local Newspapers
公告栏・地区报纸
게시판・지역신문

家庭教師します
TEL 0298-56-XXXX
つくば教育大生 本田

猫を探しています。灰色。赤い首輪。3日の晩からいなくなりました。見かけた方はTEL0298-54-XXXXまでご連絡ください。　豊川

No.	漢字	画数	読み	語	意味	語	意味
579	庭	10画	テイ / にわ	校庭（こうてい）	a (school) playground/schoolyard 校园 교정	家庭（かてい）	a home/family/household 家庭 가정
				庭（にわ）	a garden 庭院 정원		
580	育	8画	イク / そだ-つ / そだ-てる	教育（きょういく）	education 教育 교육	体育（たいいく）	physical education 体育 체육
				育児（いくじ）	childcare/nursing 育儿 육아		
				育つ（そだ）	grow 成长 자라다	育てる（そだ）	raise / bring up 养育 기르다
581	猫	11画	ねこ	猫（ねこ）	a cat 猫 고양이		
582	探	11画	タン / さが-す / さぐ-る	探検（たんけん）	an exploration/expedition 探险 탐험		
				探す（さが）	search / look for 寻找 찾다	❗探る（さぐ）	prove into 采集、采用 탐색하다
583	灰	6画	はい	灰（はい）	ash 灰 재	灰色（はいいろ）	gray 灰色 회색
				灰皿（はいざら）	an ashtray 烟灰缸 재떨이		
584	輪	15画	リン / わ	車輪（しゃりん）	a (car) wheel 车轮 바퀴		
				指輪（ゆびわ）	a ring 戒指 반지	首輪（くびわ）	a collar 项链 목걸이
585	晩	12画	バン	今晩（こんばん）	tonight 今晚 오늘 밤	晩御飯（ばんごはん）	dinner 晚饭 저녁밥
				毎晩（まいばん）	every night 每晚 매일 밤		

練習　正しいほうに○をつけ、文の漢字にひらがなで読みを書きなさい。

① デパートで気に入った指輪を（a. 探す　b. 探る）。

② 地域全体で子供たちを（a. 育ち　b. 育て）ましょう。

③ 多くの駅では、禁煙になって（a. 灰　b. 灰皿）がなくなった。

④ 朝早くから（a. 校庭　b. 家庭）を走っているのは運動部の生徒です。

（答えは別冊 p.12）

イベント情報

劇団さくら　第10回公演「踊ろう！」
5月10日　PM6:00～
市民音楽ホール

差し上げます

子犬。雑種オス、白1匹。メス、茶2匹。Tel. 0125-23-XXXX 渡辺

メンバー募集(ぼ)

乗馬クラブ　スズカ
馬の好きな方！　初心者歓迎(かん)！
Tel. 0125-22-XXXX 石橋

育児サークル　すくすく
新米ママたち集まれ！
Tel. 0125-24-XXXX 山川

No.	漢字	画数	読み	語	意味	語	意味
586	劇	15画	ゲキ	劇(げき)	a drama/play 剧 극	劇団(げきだん)	a theatrical company 剧团 극단
				劇場(げきじょう)	a theater, playhouse 剧场 극장	演劇(えんげき)	a (theatrical) play 戏剧 연극
587	公	4画	コウ	公園(こうえん)	a park 公园 공원	公演(こうえん)	a public performance 公演 공연
				公共(こうきょう)	public/communal 公共 공공	公務員(こうむいん)	a civil servant / government employee 公务员 공무원
588	踊	14画	ヨウ おど-る おど-り	日本舞踊(にほんぶよう)	traditional Japanese dance 日本舞蹈 일본무용		
				踊る(おど)	dance 跳舞 춤추다	踊り(おど)	a dance 舞蹈 춤
589	種	14画	シュ たね	種類(しゅるい)	type/kind 种类 종류	人種(じんしゅ)	a race (of people) 人种 인종
				雑種(ざっしゅ)	a hybrid 杂种 잡종	❗種(たね)	a seed 种子 씨, 혈통
590	匹	4画	ヒツ ひき	匹敵する(ひってき)	compare with, rival 匹敌 필적하다		
				～匹(ひき)	(counter for small animals) ～只 ～마리		
591	渡	12画	ト わた-る わた-す	渡米(とべい)	going to America 到美国去 도미	渡る(わた)	cross over 渡过 건너다
				渡す(わた)	hand over 交给 건네다, 넘기다	渡辺(わたなべ)	(人名)
592	馬	10画	バ うま	乗馬(じょうば)	horse riding 骑马 승마		
				馬(うま)	a horse 马 말		

練習　正しいほうに○をつけ、文の漢字にひらがなで読みを書きなさい。

① (a. 公共　b. 公園) の場では互いにルールを守ろう。

② 歩行者は横断歩道を (a. 渡し　b. 渡り) ましょう。

③ この店ではたくさんの (a. 種類　b. 書類) の花の種を売っている。

④ 人気のある劇団の (a. 講演　b. 公演) を見に行く。

(答えは別冊 p.12)

第七週

3日目　メニュー・成分表示（せいぶんひょうじ）

Menus, Ingredient Labels
菜单・成分表示
메뉴・성분표시

◆メニュー　Menus　菜单　메뉴

A：ん～おいしい！　これは何かな？　え～っと……アサリガイノサケ……
B：さかむし、ね。

No.	漢字	画数	読み	語	意味	語	意味
593	貝	7画	かい	貝（かい）	a shell/shellfish　贝　조개	貝がら（かい）	shell　贝壳　조개껍질
594	酒	10画	シュ さけ さか	～酒（しゅ）	... liquor　～酒　～주	酒（さけ）	alcohol/liquor　酒　술
				❶酒屋（さかや）	a liquor store　酒店　술집	居酒屋（いざかや）	Japanese pub　小酒馆　선술집
595	蒸	13画	ジョウ む-す	蒸発（じょうはつ）	evaporation　蒸发　증발	水蒸気（すいじょうき）	water vapor / steam　水蒸气　수증기
				❶蒸す（む）	steam　蒸　찌다	蒸し暑い（む　あつ）	humid/sultry　闷热的　무덥다
596	干	3画	ほ-す ひ-る	干す（ほ）	hang　晾　말리다		
				❶干物（ひもの）	dried food　晒干的鱼贝类等　건어물		
597	竹	6画	たけ	竹（たけ）	a bamboo　竹子　대나무	竹の子（たけ　こ）	a bamboo shoot　笋　죽순（筍（たけのこ））
598	卵	7画	ラン たまご	卵黄（らんおう）	a yolk　蛋黄(卵黄)　노른자（난황）		
				卵（たまご）	an egg　卵、鸡蛋　계란		
599	根	10画	コン ね	大根（だいこん）	a Japanese white radish　白萝卜　무		
				根（ね）	a root　根　뿌리	屋根（やね）	a roof　屋顶　지붕

練習　正しいほうに○をつけ、文の漢字にひらがなで読みを書きなさい。

① 梅雨（つゆ）の時期は（a. 蒸し　b. 干し）暑い。

② 猫が家の（a. 屋根　b. 羽根）の上を歩いている。

③（a. 酒屋　b. 居酒屋）で新入社員の歓迎会（かんげいかい）をする。

④ 海辺で拾った（a. 貝　b. 具）でアクセサリーを作る。

（答えは別冊 p.12）

◆食品(しょくひん)の成分表示(せいぶんひょうじ)

Food Ingredient Labels　食品的成分表示　식품의 성분표시

名　　称：魚肉ソーセージ
原材料名：魚肉、植物性油脂、食塩、砂糖(とう)、

（原材料の一部に小麦、卵、乳成分、大豆(だいず)を含む）
1本100 g当たり

エネルギー	153kcal	ナトリウム	568mg
炭水化物	11.2 g	脂質	5.7g
たんぱく質	12.4 g		

No.	漢字	画数	読み	語	意味	語	意味
600	材	7画	ザイ	材料(ざいりょう)	ingredients/materials 材料　재료	原材料(げんざいりょう)	raw materials 原材料　원재료
				材質(ざいしつ)	material properties 材质　재질	教材(きょうざい)	teaching materials 教材　교재
601	植	12画	ショク う-える	植物(しょくぶつ)	plant 植物　식물	植える(う)	plant/grow 种植　심다
				植木(うえき)	potted plants, garden shrubs 栽的树木　정원수	田植え(たう)	rice planting 插秧　모내기
602	砂	9画	サ すな	砂糖(さとう)	sugar 砂糖　설탕	砂漠(さばく)	desert 沙漠　사막
				❗砂(すな)	sand 沙　모래		
603	乳	8画	ニュウ ちち	牛乳(ぎゅうにゅう)	(cow's) milk 牛奶　우유	乳製品(にゅうせいひん)	dairy products 乳制品　유제품
				乳児(にゅうじ)	a baby (under 1 year old) 婴儿　유아	❗乳(ちち)	milk / the breasts 乳　젖
604	含	7画	ふく-む ふく-める	含む(ふく)	be included 含有　포함하다	含める(ふく)	include 包含　포함시키다
605	炭	9画	タン すみ	炭水化物(たんすいかぶつ)	carbohydrate 碳水化合物　탄수화물	石炭(せきたん)	coal 煤炭　석탄
				❗炭(すみ)	charcoal 木炭　숯		
606	脂	10画	シ あぶら	脂肪(しぼう)	fat/grease 脂肪　지방	脂質(ししつ)	lipids/fats 类脂质　지방분
				油脂(ゆし)	fats and oils 油脂　유지	❗脂(あぶら)	fat/lard 脂肪　지방

練習　正しいほうに○をつけ、文の漢字にひらがなで読みを書きなさい。

① この価格に消費税は（a. 込まれて　b. 含まれて）おりません。
かかく しょうひぜい　ふく

② ガスより（a. 炭　b. 材）で焼いたほうが、肉も魚もおいしい。
すみ　や　にく さかな

③ 貝を濃い塩水にしばらくつけておいて（a. 砂　b. 脂）を抜く。
かい こ しおみず　すな　ぬ

④（a. 干物　b. 植物）を育てる。
しょくぶつ そだ

（答えは別冊 p.12）

4日目　受験案内（じゅけんあんない）

Entrance Examination Information
应试指南
수험안내

受験に必要な書類

願書　返信用封筒　卒業証明書（しょう）　成績証明書　卒業論文※　研究計画書
志望動機を～字以内で述べたもの
※卒業論文が手元にない場合はそれに代わる論文でも構わない。

No.	漢字	画数	読み	語	意味	語	意味
607	筒	12画	トウ / つつ	封筒（ふうとう）	an envelope　信封　봉투	水筒（すいとう）	a canteen / a water bottle　水壶　물통
				❗筒（つつ）	a pipe/tube　筒　통		
608	卒	8画	ソツ	卒業（そつぎょう）	graduation　毕业　졸업	卒業証明書（そつぎょうしょうめいしょ）	a diploma　毕业证书　졸업증명서
609	績	17画	セキ	成績（せいせき）	results/record　成绩、成效　성적	業績（ぎょうせき）	an achievement / business results　业绩　업적
				実績（じっせき）	actual results / an achievement　实际成效、绩效　실적		
610	論	15画	ロン	論文（ろんぶん）	a thesis/treatise　论文　논문	議論（ぎろん）	an argument / discussion / debate　争论　의논
				結論（けつろん）	a conclusion　结论　결론	論じる（ろん）	argue/discuss/debate　论述　논하다
611	志	7画	シ	志望（しぼう）	wish/desire　志愿　지망	意志（いし）	will/volition　意志　의지
612	述	8画	ジュツ / の-べる	記述（きじゅつ）	a description　记述　기술	口述（こうじゅつ）	verbal statement　口述　구술
				前述（ぜんじゅつ）	the aforementioned/above-mentioned　前述　전술	述べる（の）	state/mention　说明　말하다
613	構	14画	コウ / かま-う	結構（けっこう）	splendid/nice　很好　꽤，제법	構成（こうせい）	composition　构成　구성
				構内（こうない）	a campus / grounds　设施的范围内　구내	❗構う（かま）	mind / care about　介意　상관하다

練習　正しいほうに○をつけ、文の漢字にひらがなで読みを書きなさい。

① 明日のハイキングには必ず（a. 水筒　b. 筒）と お弁当（べんとう）を持参すること。

② この試験はマークシートではなく、（a. 前述　b. 記述）式です。

③ この論文は（a. 構内　b. 構成）が非常に良い。

④ 彼は（a. 志望　b. 意志）が弱くて、お酒がやめられない。

（答えは別冊 p.12）

受験の注意

- 30分以上の遅刻は認めません。
- 受験票（ひょう）を忘れた人は「仮受験票（ひょう）」の発行を申し出てください。

注 意

1. 受験票（ひょう）を机の上に置いてください。
2. この冊子は持ち帰ってはいけません。解答はすべてマークシートに書きます。マークがはみ出たり、薄いと採点されません。HBやB等の濃い鉛筆（えん）で例のように正しくマークします。

No.	漢字	画数	読み	語	意味	語	意味
614	遅	12画	チ おそ-い おく-れる	遅刻（ちこく） 遅い（おそ）	tardiness 迟到 지각 slow 慢 느리다	❗遅れる（おく）	be late 慢 늦다
615	仮	6画	カ かり	❻仮名（かな） 仮定（かてい）	Japanese syllabary 假名 가나(일본의 표음문자) assumption/supposition 假设 가정	振り仮名（ふがな） ❗仮（かり）	kana syllables written beside Chinese characters 汉字旁注的假名 한자의 읽기 표시 temporary/provisional 临时 임시
616	机	6画	つくえ	机（つくえ）	a desk 桌子 책상		
617	冊	5画	サツ	～冊（さつ）	counter for books ～本、～册 ～권	冊子（さっし）	a booklet/pamphlet 册子 책자
618	採	11画	サイ と-る	採点（さいてん） 採集（さいしゅう）	grading/marking 评分 채점 collecting/gathering 搜集 채집	採用（さいよう） 採る（と）	adoption/employment 采用 채용 adopt (a measure/proposal) 挂 채집하다
619	濃	16画	ノウ こ-い	濃度（のうど） 濃い（こ）	concentration/density 浓度 농도 concentrated/dark (color) 浓 진하다		
620	筆	12画	ヒツ ふで	鉛筆（えんぴつ） 筆記（ひっき）	a pencil 铅笔 연필 (taking) notes/copying 笔记 필기	筆者（ひっしゃ） 筆（ふで）	a writer / an author 笔者 필자 a writing brush 毛笔 붓

練習 正しいほうに○をつけ、文の漢字にひらがなで読みを書きなさい。

① 夏休みの自由研究で植物（a. 採集　b. 採点）をした。

② 前を走っている車には（a. 仮免許　b. 仮採用）練習中と書いてある。

③ 兄は新聞（a. 筆者　b. 記者）です。

④ ノートは（a. 机　b. 筆）の引き出しに入っています。

（答えは別冊 p.12 ～ 13）

5日目　交通情報（こうつうじょうほう）

Traffic Information
交通信息
교통정보

◆航空機（こうくうき）
Aircraft, Airplane
飞机　항공기

エンジントラブルのため PAS407 便欠航

PNS105　ドア損傷（しょう）のため欠航
PAS410　強風・横風のため到着地を変更、高松（たかまつ）空港に着陸

◆船（ふね）
Boat
船　배

悪天候のため高速船かもめ丸欠航

621	航	10画	コウ	航空（こうくう） aviation/flying 航空　항공 欠航（けっこう） suspension of service (船、飞机) 停开　결항	運航（うんこう）	operation (e.g. ships, aircraft) 航运　운항
622	陸	11画	リク	陸（りく） land/shore 陆地　육지 大陸（たいりく） a continent 大陆　대륙	着陸（ちゃくりく） 陸上（りくじょう）	a landing / touchdown 着陆　착륙 the land / being on the land 陆上　육상
623	損	13画	ソン	損（そん） loss/disadvantage 损失　손해 損害（そんがい） damage/injury/loss 损失　손해 ☞ 害 676	損傷（そんしょう） 損得（そんとく）	damage/injury 损坏　손상 loss and gain 损益　손실과 이익
624	候	10画	コウ	気候（きこう） climate 气候　기후	天候（てんこう）	weather 天气　일기, 날씨
625	船	11画	セン ふね	風船（ふうせん） a balloon 气球　풍선 船（ふね） a boat/ship 船　배	造船（ぞうせん） ❗船便（ふなびん）	shipbuilding 造船　조선 surface / sea mail 海运　배편
626	丸	3画	まる まる-い	丸（まる） a circle 圆形　원 丸い（まるい） round/circular/spherical 圆的　둥글다	～丸（まる）	〈船の名前〉

練習　正しいほうに○をつけ、文の漢字にひらがなで読みを書きなさい。

① たくさんの（a. 風船　b. 造船）が空高く舞い上がる。

② 船便は遅いから（a. 航空　b. 空港）便でお願いします。

③（a. 陸上　b. 大陸）の気候は降水量※が少ない。※降水量 precipitation 降雨量 강수량

④ 火事や事故などに備えて（a. 損害　b. 公害）保険に入る。

（答えは別冊 p.13）

◆電車(でんしゃ)
Train
电车　전철

人身事故のためダイヤが乱れています。ご了承ください。

混雑が予想されますので、あらかじめ帰りの切符をお買い求めください。

大雨による河川の増水(ぞうすい)のため川中～水森駅間の上下(じょうげ)線で終日運転を見合わせております。バスによる代行輸送を行っておりますのでご利用ください。

No.	漢字	画数	読み	語彙	意味	語彙	意味
627	混	11画	コン ま-じる ま-ざる ま-ぜる	混雑(こんざつ) かき混(ま)ぜる	confusion/congestion 混杂、拥挤　혼잡 stir 搅拌　뒤섞다	混(ま)じる 混(ま)ざる	be mixed 夹杂 / 掺混　섞이다 / 섞이다
628	想	13画	ソウ	予想(よそう) 想像(そうぞう)	anticipation/forecast 预想　예상 imagination/guess 想象　상상	感想(かんそう) 理想(りそう)	impressions/thoughts 感想　감상 ideal 理想　이상
629	故	9画	コ	事故(じこ) 故郷(こきょう)	an accident 事故　사고 hometown/birthplace 故乡　고향	故障(こしょう)	breakdown/failure 故障　고장
630	乱	7画	ラン みだ-れる	混乱(こんらん) ❗乱(みだ)れる	disorder/confusion 混乱　혼란 fall into disorder 乱　혼란해지다	乱暴(らんぼう)(な)	rude/violent/rough 粗暴　난폭　☞暴 663
631	河	8画	カ かわ	運河(うんが) 河(かわ)	a canal/waterway 运河　운하 a river/stream 河川　강	❗河川(かせん)	a river 河川　하천
632	輸	16画	ユ	輸出(ゆしゅつ) 輸血(ゆけつ)	exportation 出口　수출 a blood transfusion 输血　수혈	輸入(ゆにゅう) 輸送(ゆそう)	importation 进口　수입 transportation 输送　수송

練習 正しいほうに○をつけ、文の漢字にひらがなで読みを書きなさい。

① 現金（a. 郵送　b. 輸送）車が事故を起こした。

② 昼休みで飲食店はどこも（a. 混雑　b. 混乱）している。

③（a. 理想　b. 感想）と現実にはギャップ※がある。※ギャップ：a gap（观念 ... 等的）差距　간격

④ 人身事故でダイヤが（a. 乱れて　b. 混じって）います。

（答えは別冊 p.13）

6日目　気象情報（きしょうじょうほう）

Weather Information
天气预报
기상정보

	6時	9時	12時	15時	18時	21時	24時 降水確率 (%)
山形（やまがた）	☀	☁	☁	☁	☁	☁	20
仙台（せんだい）	☀	☀	☁	☁	★	★	10
福島（ふくしま）	☀	☀	☁	☀	★	★	0
新潟（にいがた）	☁	☁	☁	☁	★	★	20
宇都宮（うつのみや）	☀	☀	☁	☁	☁	★	0
前橋（まえばし）	☀	☀	☁	☁	★	★	0
水戸（みと）	☀	☀	☁	☁	★	★	0

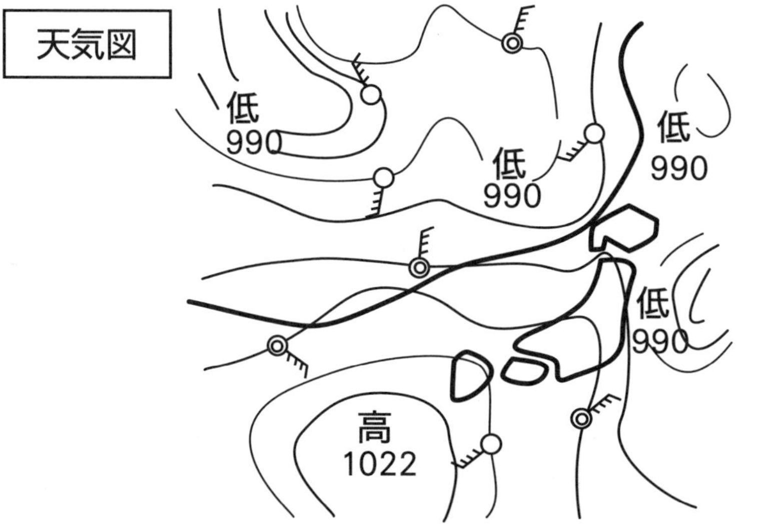

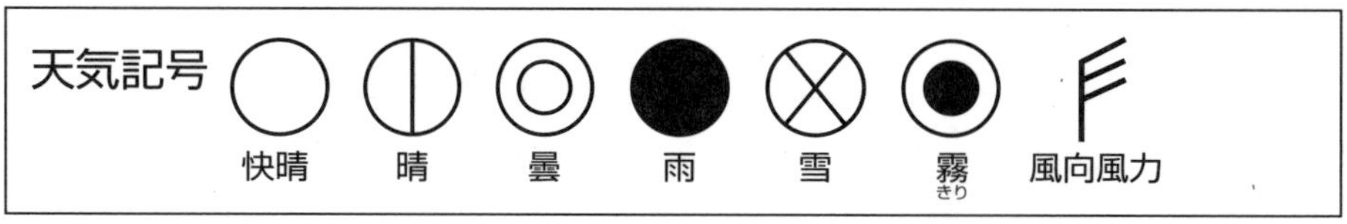

沖縄（おきなわ）から東北南部にかけて晴天に恵まれます。西日本は春の陽気となるでしょう。東北北部と北海道では朝のうちは雲が多く、雨のところもありますが、次第に天気は回復に向かうでしょう。

No.	漢字	画数	読み	語	意味	語	意味
633	率	11画	リツ ソツ	率(りつ)	a rate / ratio 比率 비율	利率(りりつ)	interest rate 利率 이율
				確率(かくりつ)	probability 概率 확률	能率(のうりつ)	efficiency 效率 능률
				❗率直(そっちょく)	frankness/candor 坦率 솔직		
634	宇	6画	ウ	宇宙(うちゅう)	the universe / outer space 宇宙 우주 ☞宙 727	宇都宮(うつのみや)	〈地名〉
635	戸	4画	コ と	～戸(こ)	counter for houses ～户 ～세대	一戸建て(いっこだ)	a detached house 独门独户的房子 단독주택
				戸(と)	a door 门 문	❗雨戸(あまど)	a sliding storm door 防雨板 빈지문
				水戸(みと)	〈地名〉		
636	晴	12画	セイ は-れる	晴天(せいてん)	fine weather / clear sky 晴天 맑게 갠 하늘	快晴(かいせい)	good weather 晴朗 쾌청
				晴れる(は)	be sunny 晴 날씨가 개다	❗素晴らしい(すば)	wonderful/magnificent 极优秀 멋지다
637	曇	16画	くも-る	曇り(くも)	cloudy weather 阴天 흐림	曇る(くも)	become cloudy 阴 흐리다
638	雪	11画	セツ ゆき	積雪(せきせつ)	(an accumulation of) snow 积雪 적설	❗吹雪(ふぶき)	a snowstorm 暴风雪 눈보라
				雪(ゆき)	snow 雪 눈	大雪(おおゆき)	heavy snow 大雪 대설
639	恵	10画	エ ケイ めぐ-む	知恵(ちえ)	wisdom 智慧 지혜	恩恵(おんけい)	benefits 恩惠 은혜
				恵まれる(めぐ)	be blessed with 被赋予… 모자람이 없다		
640	陽	12画	ヨウ	太陽(たいよう)	the sun 太阳 태양	陽気(ようき)	① weather 阳气 날씨 ② cheerfulness (性格)爽朗、开朗 명랑함
641	雲	12画	くも	雲(くも)	clouds 云 구름	❗雨雲(あまぐも)	rain clouds 雨云、阴云 비구름

第七週

練習 正しいほうに○をつけ、文の漢字にひらがなで読みを書きなさい。

① (a. 率業　b. 卒業) 記念に校庭に木を植える。

② 今日は良いお天気に (a. 恵まれて　b. 晴れて) 春のような陽気でした。

③ 疲れたときはちょっと休んだほうが (a. 利率　b. 能率) が上がる。

④ メガネが湯気で (a. 曇って　b. 雲って) 何も見えない。

⑤ 昔の人は、便利な機械がない代わりに (a. 知恵　b. 予想) を使って生活した。

⑥ 都心のマンションから郊外の (a. 一戸建て　b. 家庭) に引っ越した。

(答えは別冊 p.13)

7日目　実戦問題（じっせんもんだい）

Practice Exercise
实战问题
실전문제

制限時間（せいげんじかん）：15分
1問4点×25問

点数（てんすう）　／100

（答えは別冊 p.13）

問題1　＿＿＿の言葉の読み方として最もよいものを、1・2・3・4から一つ選びなさい。

1　相手に考える時間を<u>与える</u>。

1　きたえる　　2　こたえる　　3　あたえる　　4　つたえる

2　<u>濃い目</u>のコーヒーが好きだ。

1　ぬいめ　　2　のいめ　　3　こいめ　　4　すいめ

3　人々を幸せな未来へと<u>導く</u>。

1　たなびく　　2　みちびく　　3　ながびく　　4　ささやく

4　自らの主張を明確に<u>述べる</u>。

1　のべる　　2　すべる　　3　なべる　　4　くべる

5　乱筆乱文<u>お許し</u>ください。

1　おゆるし　　2　おためし　　3　おすごし　　4　おさっし

6　<u>宇宙</u>旅行が夢ではなくなった。

1　ゆちょう　　2　うちょう　　3　ふちゅう　　4　うちゅう

7　<u>率直</u>な意見を聞かせてほしい。

1　すなお　　2　じっちょく　　3　りっちょく　　4　そっちょく

8　材料をよく<u>混ぜます</u>。

1　まぜます　　2　もぜます　　3　みぜます　　4　めぜます

9　受験の<u>許可</u>が出た。

1　けっか　　2　きょか　　3　ごうか　　4　しちょか

10　今夜は<u>吹雪</u>になりそうです。

1　ふぶき　　2　しぶき　　3　はつゆき　　4　なだれ

問題2　＿＿＿の言葉を漢字で書くとき、最もよいものを1・2・3・4から一つ選びなさい。

11　手術で<u>ゆけつ</u>が必要となる場合があります。

1　輸血　　2　輸皿　　3　輪血　　4　輪皿

12 結果よりもかていのほうが大切だということもある。

1 仮定　2 家庭　3 課程　4 過程

13 第一しぼうの大学に合格してうれしい。

1 脂肪　2 志望　3 死亡　4 予防

14 花のたねをまく。

1 竹　2 根　3 灰　4 種

15 かもめ丸は悪天候のためけっこうとなりました。

1 決行　2 結構　3 欠航　4 血行

問題3　（　　）に入れるのに最もよいものを、1・2・3・4から一つ選びなさい。

16 雑誌を１（　　）買ってきてくれませんか。

1 刊　2 冊　3 杯　4 枚

17 今から、口（　　）試験があります。

1 面　2 筆　3 記　4 述

18 ここにずっと住むわけではなく、（　　）の住まいです。

1 仮　2 公　3 単　4 応

19 仕事で業（　　）を上げれば給料も上がるだろう。

1 責　2 積　3 績　4 漬

20 水（　　）にお茶を入れて持参する。

1 竹　2 筒　3 封　4 包

問題4　次の（　　）に入る言葉を下から選び、漢字で書きなさい。

犬や 21（　　　）のように小さい動物は「～ 22（　　　）」と数えるが、牛や 23（　　　）のように大型（がた）（☞ 型666）のものは「～頭」と数える。

家や店は「～ 24（　　　）」と数えるが、家は「～ 25（　　　）」とも数える。

うま　けん　ひき　さつ　こ　ねこ

第七週

読(よ)みを推測(すいそく)する

Guessing the Reading　推测读法　읽기를 예측하다

漢字の一部に同じ部分があると、読みが同じになる場合があります。

よめるかな？

①金**魚**→**漁**船	きん**ぎょ**	→ **ぎょ**せん
②**低**下→海**底**	**てい**か	→ かい**てい**
③**広**告→**鉱**山	**こう**こく	→ **こう**ざん
④**皮**膚→(お)**彼**岸	**ひ**ふ	→ (お)**ひ**がん
⑤**適**当→水**滴**	**てき**とう	→ すい**てき**
⑥**違**反→**偉**大	**い**はん	→ **い**だい
⑦**側**面→**測**定	**そく**めん	→ **そく**てい
→規**則**		→ き**そく**
⑧**受**験→**授**業	**じゅ**けん	→ **じゅ**ぎょう
⑨**冷**凍→**零**下	**れい**とう	→ **れい**か
→命**令**		→ めい**れい** ☞ 令 674

642	漁	14画	ギョ リョウ	漁船(ぎょせん)	a fishing boat　渔船　어선	漁師(りょうし) a fisherman　渔夫　어부
643	底	8画	テイ そこ	海底(かいてい) ＝海(うみ)の底(そこ)	the sea bottom　海底　해저	
644	鉱	13画	コウ	鉱山(こうざん)	a mine (e.g. coal mine) 矿山　광산	炭鉱(たんこう) a coal mine / coal pit 煤矿　탄광
645	彼	8画	ヒ かれ かの	彼岸(ひがん) 彼(かれ)	the week of the equinox 春分、秋分　춘분 , 추분 he/him/boyfriend　他　그	彼女(かのじょ) she/her/girlfriend　她　그녀
646	滴	14画	テキ	水滴(すいてき)	a waterdrop　水滴　물방울	
647	偉	12画	イ えら-い	偉大(いだい)(な) ＝偉(えら)い	great　伟大　위대 (한)	
648	則	9画	ソク	規則(きそく)	rule/regulation　规则　규칙	
649	測	12画	ソク はか-る	測定(そくてい)	a measurement　测量　측정	測(はか)る measure/weigh　量　재다
650	授	11画	ジュ	授業(じゅぎょう)	a class/lesson　授课　수업	
651	零	13画	レイ	零下(れいか)	being sub-zero　零下　영하	

第8週

しる

Know
知道
알다

1日目　速報（そくほう）

News Flash
快报
속보

○時○分北九州でやや強い地震がありました。各地の震度は……。
この地震による津（つ）波の心配はありません。

××強盗殺人事件で逃走中の○○容疑者が逮（たい）捕されました。

○月○日より連絡を絶っていた漁船が○時○分頃××で発見されました。

No.	漢字	画数	読み	語	意味	語	意味
652	州	6画	シュウ	本州（ほんしゅう）	Honshu (main island of Japan) 本州　혼슈		
				～州（しゅう）(例：テキサス州)（れい／しゅう）	a state (e.g. the state of Texas) ～州　～주		
653	波	8画	ハ なみ	電波（でんぱ）	a radio 电波　전파		
				波（なみ）	a wave 波　파도	津波（つなみ）	a tsunami 海啸　해일
654	盗	11画	トウ ぬす-む	強盗（ごうとう）	a robbery 强盗　강도	盗難（とうなん）	a theft 被盗、失盗　도난
				❗盗む（ぬす）	steal 盗窃、欺瞒　훔치다		
655	逃	9画	トウ に-げる に-がす のが-す	逃走（とうそう）	an escape/flight 逃跑　도주	逃げる（に）	escape 逃走、逃避　도망치다
				逃がす（に）	release/let go 放走、逃跑　놓치다	逃す（のが）	let slip 错过、放过　놓아주다
656	疑	14画	ギ うたが-う	疑問（ぎもん）	a question/doubt 疑问　의문	容疑（ようぎ）	suspicion (犯罪)嫌疑　용의
				❗疑う（うたが）	doubt/suspect 怀疑、疑惑　의심하다		
657	捕	10画	ホ つか-まる つか-まえる と-る と-らえる	逮捕（たいほ）	arrest/capture 逮捕　체포		
				捕まる（つか）	be arrested / be caught 被捉拿　잡히다，붙잡히다	捕まえる（つか）	arrest/catch 抓住、捕捉　잡다，붙잡다
				捕る（と）	take/catch (fish) 捕、捉　잡다，포획하다	捕らえる（と）	seize/grasp/arrest 捉拿　잡다，파악하다
658	絶	12画	ゼツ た-える た-つ	絶対（に）（ぜったい）	absolutely/definitely 绝对、一定　절대(로)		
				❗絶つ（た）	sever / cut off / suppress 断绝　끊다，그만두다	絶えず（た）	constantly 不断地　끊임없이

九州（きゅうしゅう）

練習　正しいほうに○をつけ、文の漢字にひらがなで読みを書きなさい。

① 猫がネズミを（a. 捕る　b. 捕まる）。

② 相手は（a. 電話　b. 電波）の届かない所にいるか、電源（でんげん）※を切っている。

※ 電源（でんげん）：electrical source / power button
電源　전원

③ 盗みの（a. 疑い　b. 疑問）をかけられる。

④ 店長は（a. 絶えず　b. 絶えて）客や店員に気を配らねばならない。

（答えは別冊 p.13）

～選挙（きょ）、○○党 ×× 候補当選確実。

行方不明の児童３名、無事保護（ご）。

○時○分頃○でガス爆発による火災（さい）が発生、現在も燃えています。

○○駅前でトラックが暴走。３人が死亡。

○○市長が ×× 罪で逮捕（たい）されました。

No.	漢字	画数	読み	語	意味	語	意味
659	党	10画	トウ	政党（せいとう）	a political party 政党　정당 ☞ 政730	～党（とう）	a party (political) ～党　～당
				与党（よとう）	the ruling party 执政党　여당	野党（やとう）	the opposition party 在野党　야당
660	補	12画	ホ おぎな-う	候補（者）（こうほ（しゃ））	a candidate 候补　후보（자）	補足（ほそく）	supplement/complement 补充、补足　보충
				補助（ほじょ）	assistance/support 补助、辅助　보조	❗補う（おぎな）	compensate for / supplement 补充　보충하다
661	童	12画	ドウ	児童（じどう）	children/juvenile 儿童　아동	童話（どうわ）	a fairy tale 童话　동화
662	爆	19画	バク	爆発（ばくはつ）	an explosion 爆炸、爆发　폭발		
663	暴	15画	ボウ あば-れる	暴走（ぼうそう）	running wildly 狂奔　폭주	乱暴（な）（らんぼう）	rude/violent 蛮横　난폭
				❗暴れる（あば）	behave violently 乱闹　공급		
664	亡	3画	ボウ な-い	死亡（しぼう）	death 死亡　사망		
				亡くなる（な）	die 死去　죽다	亡くす（な）	lose someone 死去　여의다
665	罪	13画	ザイ つみ	～罪（ざい）	crime of ... ～罪　～죄	無罪（むざい）	innocent 无罪　무죄
				有罪（ゆうざい）	guilty 有罪　유죄	❗罪（つみ）	a crime 罪　죄

第八週

練習 正しいほうに○をつけ、文の漢字にひらがなで読みを書きなさい。

① この健康補助食品はカルシウムを（a. 絶つ　b. 補う）のに最適です。

② 男が酒を飲んで居酒屋で（a. 逃げて　b. 暴れて）います。

③ 私には支持（a. 政党　b. 政府）はないが、支持する候補者はいる。

④ 昨夜、都心でガス（a. 爆発　b. 暴走）がありました。

（答えは別冊 p.13）

2日目　見出し（みだし）①

Headlines ①
标题①
표제①

B型肝炎　欧米型急増
厚労省調査

過去最高　売上高４兆円

自由貿易協定
日タイFTA
農業分野で合意

No.	漢字	画数	読み	語	意味	語	意味
666	型	9画	ケイ かた	典型的（な）（てんけいてき） 大型（おおがた）	typical/model/ideal 典型的　전형적인 a large/jumbo size 大型　대형	～型（がた）	model/style/shape ～型　～형
667	欧	8画	オウ	欧米（おうべい）	Europe and America / the West 欧美　구미	欧州（おうしゅう）	Europe 欧洲　구주
668	労	7画	ロウ	苦労（くろう） ご苦労様（くろうさま） 厚生労働省（こうせいろうどうしょう）	troubles/hardships 辛苦、操心　고생 Thank you very much (said by a senior person to someone junior for doing a job) 您辛苦了　수고하셨습니다 Ministry of Health / Labour and Welfare 福利劳工部　후생노동성		
669	兆	6画	チョウ	兆（ちょう）	sign / omen; trillion (American) / billion (British) / 10^{12} (数)兆、万亿　조		
670	貿	12画	ボウ	貿易（ぼうえき）	(foreign) trade 贸易　무역		
671	易	8画	イ エキ やさ-しい	容易（ようい） 貿易（ぼうえき）	easy/plain/simple 容易　손쉬움 trade 贸易　무역	安易（な）（あんい） 易しい（やさしい）	easy-going 安逸、看得太简单 안이(한) easy/plain/simple 容易　쉽다
672	農	13画	ノウ	農業（のうぎょう） 農産物（のうさんぶつ）	agriculture 农业　농업 agricultural produce 农产品　농산물	農家（のうか）	a farmer / farm family 农户　농가

練習　正しいほうに○をつけ、文の漢字にひらがなで読みを書きなさい。

① 文部（もんぶ）科学省の前年度予算は6（a. 兆　b. 逃）円を超えている。

② あなたの国と日本は昔から（a. 貿易　b. 容易）をしています。

③ まず、（a. 安い　b. 易しい）問題から解いてみましょう。

④ 私のふるさとは（a. 農業　b. 農家）がさかんです。

（答えは別冊 p.14）

振り込め詐欺（さぎ）
銀行に払い戻し命令
被害者に請求（せい）の権利

ユーロ宝くじ89億円
スイス人が賞金新記録
五つの番号と星印を選ぶくじ

673	命	8画	メイ いのち	命じる（めい）	order/command 命令、任命 명하다
				生命（せいめい）	life/existence 生命 생명
				一生懸命（いっしょうけんめい）	very hard / with utmost effort 拼命 열심임
				❗命（いのち）	life 生命 목숨
674	令	5画	レイ	命令（めいれい）	an order / command 命令 명령
675	被	10画	ヒ	被害（ひがい）	damage 被害 피해
				被害者（ひがいしゃ）	a victim 受害者 피해자
				被告（ひこく）	a defendant 被告 피고
676	害	10画	ガイ	害（がい）	injury/harm/damage 害 해로움 , 손해
				公害（こうがい）	public nuisance / pollution 公害 공해
				水害（すいがい）	water damage / flood disaster 水灾 수해
				殺害（さつがい）	a murder 杀害 살해
677	権	15画	ケン	権利（けんり）	right/privilege 权利 권리
				人権（じんけん）	human rights / civil liberties 人权 인권
				～権（けん）	authority/right ～权力 ～권
678	億	15画	オク	億（おく）	a hundred million / 10^8 亿 억
679	星	9画	セイ ほし	星座（せいざ）	a constellation 星座 별자리
				星（ほし）	a star 星 별
				星印（ほしじるし）	a star / an asterisk 星的符号 별표

第八週

練習 正しいほうに○をつけ、文の漢字にひらがなで読みを書きなさい。

① 大型台風により、各地で（a. 水害　b. 公害）などの被害が出ています。

② 被害者の（a. 人権　b. 苦労）を守ろう。

③ 一度しかない人生、（a. 命　b. 令）は大切にしましょう。

④ 日本の人口は約１（a. 奥　b. 億）３千万人です。

（答えは別冊 p.14）

3日目 見出し②

Headlines ②
标题②
표제②

トピックス

・×× 武器輸出解禁問題
・ＳＥＣ社長 巨額の資金を運用
・ビール販売競争に勝ったのは？
・サッカー日本代表４連敗
・高校野球 ○×逆転優勝！
・山川投手 今シーズン２勝目

680	武	8画	ブ	武器（ぶき）	weapon/arms 武器 무기	武力（ぶりょく）	military power 武力 무력
				武士（ぶし）	a warrior/samurai 武士 무사		
681	巨	5画	キョ	巨大(な)（きょだい）	huge/gigantic 巨大 거대	巨額（きょがく）	a great sum 巨额 거액
682	競	20画	キョウ ケイ きそ-う	競争（きょうそう）	a competition/contest 竞争 경쟁	❗競馬（けいば）	horse racing 赛马赌博 경마
				❗競う（きそう）	emulate/compete with 竞争 경쟁하다		
683	敗	11画	ハイ やぶ-れる	失敗（しっぱい）	a failure/mistake 失败 실패, 실수	連敗（れんぱい）	a series of defeats 连败 연패
				❗敗れる（やぶれる）	be defeated 败 패하다, 지다		
684	逆	9画	ギャク さか-らう	逆（ぎゃく）	the reverse/opposite 相反 반대	逆転（ぎゃくてん）	a (sudden) change / reversal 逆转 역전
				❗逆さ（さかさ）	upside down / inversion 相反 거꾸로 됨	❗逆らう（さからう）	oppose/defy 违背 거스르다
685	勝	12画	ショウ か-つ	優勝（ゆうしょう）	a victory/championship 优胜 우승	勝負（しょうぶ）	a match/contest/game 胜负 승부
				勝敗（しょうはい）	victory or defeat 胜败 승패	勝つ（かつ）	win 胜 이기다
686	投	7画	トウ な-げる	投手（とうしゅ）	a (baseball) pitcher 投手 투수	投書（とうしょ）	a letter to the editor 投稿 투서
				投資（とうし）	a investment 投资 투자	投げる（なげる）	throw 投 던지다

練習 正しいほうに○をつけ、文の漢字にひらがなで読みを書きなさい。

① （a. 巨額　b. 巨大）魚がどこかの海岸で捕れたそうだ。

② （a. 勝負　b. 競争）がつかず、試合を延長する。

③ 新聞に意見を（a. 投書　b. 投資）する。

④ （a. 武士　b. 武力）ではなく、話し合いで解決したい。

（答えは別冊 p.14）

◯軍の兵士死亡で捜査

強風で転倒事故、1人骨折

首相「基本方針変えない」

マルヨシ連続火災
広い店内、悲鳴と叫び声

No.	漢字	画数	読み	語	意味	語	意味
687	軍	9画	グン	軍（ぐん）	army / troops / the military authorities 军队　군, 군대	～軍（ぐん）	suffix for military force ～军　～군
				軍隊（ぐんたい）	army/troops 军队　군대		
688	兵	7画	ヘイ	兵士（へいし）	a soldier 士兵　병사	～兵（へい）	suffix for soldier ～兵　～병
				兵隊（へいたい）	a soldier / an army 军队、士兵　병사		
689	捜	10画	ソウ さが-す	捜査（そうさ）	a search/investigation 搜查　수사		
				捜す（さがす）	search/seek 寻找　찾다		
690	倒	10画	トウ たお-れる たお-す	転倒（てんとう）	falling down / upset / turnover 跌倒　넘어짐 ; 전도됨	面倒（めんどう）	① trouble/difficulty 麻烦　귀찮음 , 성가심 ② care/attention 照顾、照料　돌봄 , 보살핌
				倒れる（たおれる）	collapse / break down 倒塌　넘어지다	倒す（たおす）	throw down / beat 倒　넘어뜨리다
691	骨	10画	コツ ほね	骨折（こっせつ）	a bone fracture 骨折　골절		
				骨（ほね）	a bone 骨头、骨架　뼈		
692	針	10画	シン はり	方針（ほうしん）	a principle/policy 方针　방침	針路（しんろ）	a course/direction 航向、前进方向　침로 , 항로
				❗針（はり）	a needle 针　바늘	針金（はりがね）	a wire 铁丝　철사
693	叫	6画	さけ-ぶ	叫び（さけび）	a shout /scream 呼喊　외침	叫ぶ（さけぶ）	shout / cry out 呼喊　외치다

練習 正しいほうに○をつけ、文の漢字にひらがなで読みを書きなさい。

① 警察は事件の（a. 捜査　b. 針路）を進めている。

② 強風で傘（かさ）の骨が（a. 折れた　b. 倒れた）。

③ 救急車を（a. 叫んで　b. 呼んで）ください。

④ この魚は頭も（a. 針　b. 骨）も全部食べられます。

（答えは別冊 p.14）

第八週

4日目　記事①（きじ）

Articles ①
报道①
기사①

日A首脳会談
……。様々な問題を抱えた両国首脳は、双方の意見を尊重し協力し合うことで合意した。……

B社スト決行
○月×日、B社の従（じゅう）業員50人が、雇用条件の改善を要求してストライキを決行、現在も続いている。……

694 **脳**	11画	ノウ	頭脳（ずのう）	a brain/intellect　头脑　두뇌	首脳（しゅのう）	head/brains (of a group of people)　领导人　수뇌
695 **抱**	8画	だ-く いだ-く かか-える	抱（だ）く ❗抱（かか）える	embrace/hold　抱　안다, 품다 hold/have (a responsibility/problem)　抱、夹、有某种负担　안다, 껴안다	❗抱（いだ）く	embrace / hold / entertain (a hope/doubt, etc)　怀有　안다, 품다
696 **双**	4画	ソウ ふた	双方（そうほう） 双子（ふたご）	both parties　双方　쌍방 twins　双胞胎　쌍둥이		
697 **尊**	12画	ソン	尊重（そんちょう）	respect/esteem　尊重　존중	尊敬（そんけい）	respect/esteem/reverence　尊敬　존경　☞敬 713
698 **雇**	12画	コ やと-う	雇用（こよう） ❗雇（やと）う	employment (long term) / hire　雇用　고용 employ/hire　雇用　고용하다	解雇（かいこ）	a dismissal　解雇　해고
699 **条**	7画	ジョウ	条件（じょうけん）	conditions/terms　条件　조건	条約（じょうやく）	a treaty　条约　조약
700 **善**	12画	ゼン	改善（かいぜん） 親善（しんぜん）	an improvement　改善　개선 friendship/goodwill　亲善　친선	善悪（ぜんあく）	good and evil / right and wrong　善恶　선악

練習　正しいほうに○をつけ、文の漢字にひらがなで読みを書きなさい。

① 国際（a. 親善　b. 改善）を目的とした試合が行われる。

② 多少（a. 条件　b. 尊重）が悪くても、雇ってほしいと思っている。

③ あの双子は兄弟そろって素晴らしい（a. 頭脳　b. 首脳）を持っている。

④ 両国はさまざまな問題を（a. 抱いて　b. 抱えて）いる。

（答えは別冊 p.14）

解雇は不当
Aさん B社を訴える（うった）

……。B社社員Aさんは3週間の病気休暇（か）をとって出社すると解雇されていた。これを法律で禁止されている不当解雇にあたるとし、……

○○情勢

……。戦争での恐怖体験を兵士は語った。……

荒れた休耕地が美しい風景に変身

……。荒れた景観を改善するため、市民ボランティアが土を掘り返し耕した休耕地は、美しい菜の花畑に生まれ変わった。

No.	漢字	画数	読み	語	意味	語	意味
701	律	9画	リツ	法律（ほうりつ）	law/legislation 法律　법률	規律（きりつ）	order/discipline/rule 纪律　규율
702	勢	13画	セイ いきお-い	情勢（じょうせい）	condition/situation 形势　정세	大勢（おおぜい）	a crowd / a great number of people 许多人　대세
				姿勢（しせい）	posture/attitude 姿势　자세	❗勢い（いきお）	momentum/force/might 气势　기세，기운
703	怖	8画	フ こわ-い	恐怖（きょうふ）	a fear 恐怖　공포		
				怖い（こわ）	scary 可怕　무섭다		
704	荒	9画	あら-い あ-れる あ-らす	荒い（あら）	rough/rude/wild 粗暴　거칠다	荒れる（あ）	be stormy / be rough 荒废　거칠어지다
				荒らす（あ）	devastate/damage 使 …… 荒废　어지럽게 하다		
705	耕	10画	コウ たがや-す	耕地（こうち）	arable land 耕地　경작지	休耕地（きゅうこうち）	land out of cultivation 休耕地　휴경지
				❗耕す（たがや）	farm/till/cultivate 耕作　논・밭을 갈다		
706	景	12画	ケイ	風景（ふうけい）	scenery 风景　풍경	光景（こうけい）	a scene/spectacle 景象　광경
				景気（けいき）	business climate/condition 景气　경기	⊖景色（けしき）	a scene/landscape 景色　경치
707	掘	11画	ほ-る	掘る（ほ）	dig 挖　파다	掘り返す（ほ かえ）	dig up（把埋着的东西）挖出　파서 일구다

練習 正しいほうに○をつけ、文の漢字にひらがなで読みを書きなさい。

① 犬が庭の土を（a. 埋めて　b. 掘って）何かを隠（かく）した。

② この馬は気が（a. 怖い　b. 荒い）。

③ 優勝したチームは今回とても（a. 勢い　b. 景気）があった。

④ 寮（りょう）※では（a. 規律　b. 法律）正しい生活をしている。

※寮：dorm 宿舍　기숙사

（答えは別冊 p.14）

5日目　記事（きじ）②

Articles ②
报道②
기사②

日A関係改善へ第一歩

森下首相　来月訪A

森下首相はA国との関係改善を図るため、来月A国を訪問し、〇〇首相と直接会談することを決定した。

……対A政策（せい）に関して首相に批判的な立場をとっていた村木外務大臣は、「賢明で勇気ある決断に敬意を表したい」と評価した。

708 批	7画	ヒ	批判（ひはん）	a criticism / judgment　批判　비판	批評（ひひょう）	a criticism/review/commentary　批评　비평
709 判	7画	ハン バン	判断（はんだん） 裁判（さいばん）	judgment/decision　判断　판단 trial　裁判　재판	評判（ひょうばん）	fame/reputation　评论　평판
710 臣	7画	ジン	大臣（だいじん） 外務大臣（がいむだいじん）	a cabinet minister　大臣　대신 , 장관 Minister of Foreign Affairs　外务大臣　외무대신	総理大臣（そうりだいじん）	Prime Minister　总理大臣　총리대신
711 賢	16画	ケン かしこ-い	賢明（けんめい）(な) ❗賢（かしこ）い	wise/prudent　贤明　현명 wise/clever/smart　聪明的　현명하다		
712 勇	9画	ユウ いさ-む	勇気（ゆうき） ❗勇（いさ）ましい	courage/bravery　勇气　용기 brave/valiant　勇敢的　용감하다		
713 敬	12画	ケイ うやま-う	敬意（けいい） ❗敬（うやま）う	respect/honor　敬意　경의 show respect / honor　尊敬　존경하다	敬語（けいご）	honorific style of speech　敬语　경어
714 評	12画	ヒョウ	評価（ひょうか）	valuation/estimation　评价　평가	評論（ひょうろん）	a criticism/critique　评论（的文章）　평론

練習　正しいほうに○をつけ、文の漢字にひらがなで読みを書きなさい。

① あの店は安くておいしいと（a. 評価　b. 評判）だ。

② 人間だから、（a. 賢い　b. 勇ましい）人でも判断を誤ることがある。

③（a. 敬語　b. 敬意）を正しく使うのはなかなか難しい。

④ 大臣の発言を国民は（a. 批評　b. 批判）的に受けとめた。

（答えは別冊 p.14）

似顔絵でひったくり犯人捕まる

十日午前、山川駅付近の路上で中村しのさん(70)がひったくりにあったが、一緒にいた孫娘のさやかちゃん(5)が犯人の顔をよく覚えており、「毛糸の帽子をかぶっていて、テレビに出ているxxに似ていた」と話した。山川警察署はさやかちゃんの話をもとに似顔絵を作成し、これが犯人逮捕につながった。調べに対(たい)し山本勇(いさむ)容疑者(21)は遊ぶ金欲しさにやったと自供(じきょう)している。

No.	漢字	画数	読み	語	意味	語	意味
715	似	7画	に-る	似る(に)	resemble 像 닮다, 비슷하다	似合う(にあ)	suit/match 相称 잘 맞다, 어울리다
				似顔絵(にがおえ)	a portrait 肖像画 초상화		
716	犯	5画	ハン おか-す	犯人(はんにん)	an offender / a criminal 犯人 범인	犯罪(はんざい)	a crime 犯罪 범죄
				❗犯す(おか)	commit/perpetrate 犯 범하다		
717	孫	10画	ソン まご	子孫(しそん)	descendants/posterity 子孙 손자		
				孫(まご)	a grandchild 孙子 손자		
718	娘	10画	むすめ	娘(むすめ)	a daughter 女儿 딸	孫娘(まごむすめ)	a granddaughter 孙女 손녀
719	覚	12画	カク おぼ-える さ-ます さ-める	感覚(かんかく)	a sense/sensation 感觉 감각	覚える(おぼ)	remember 记住 외우다, 기억하다
				❗覚ます(さ)	awaken 叫醒 깨우다	目覚まし時計(めざましどけい)	an alarm clock 闹钟 알람시계
				❗覚める(さ)	wake up 醒 잠이 깨다		
720	帽	12画	ボウ	帽子(ぼうし)	a hat 帽子 모자		

練習 正しいほうに○をつけ、文の漢字にひらがなで読みを書きなさい。

① その帽子、あなたによく（a. 似て　b. 似合って）いますよ。

② 朝早く目が（a. 覚めた　b. 覚ました）のに、起きられなかった。

③ あの娘さんは有名な武士(ぶし)の（a. 祖先　b. 子孫）だそうです。

④（a. 犯人　b. 判人）の顔や服装を覚えていますか。

（答えは別冊 p.14 ～ 15）

6日目　記事③
Articles ③
报道③
기사③

環境大臣に中田氏

環境大臣に○○党の中田一郎氏が就任した。中田氏は地球温暖化防止問題について記者の質問に対し、「地球全体で取り組むべき問題であり、わが国も温室効果ガスの削減に努めなければならない」と語った。

民間出身の長官に期待

社会保険庁長官には民間より里村より子氏が就任した。里村氏は「国民の信頼を回復できるよう改革を進める」と述べた。

721	環	17画	カン	環境（かんきょう）	environment/circumstance　环境　환경		
				環状線（かんじょうせん）	a belt line, loop line/road　(铁路、公路) 环行线　환상선		
722	境	14画	キョウ　さかい	境界（きょうかい）	a boundary/limit　边界　경계	国境（こっきょう）	a national or state border　国境　국경
				❗境（さかい）	a border/boundary　分界　경계	❗県境（けんざかい）	a prefectural border　县境　현과 현의 경계
723	減	12画	ゲン　へ-る　へ-らす	削減（さくげん）	a cut/reduction　削减　삭감	増減（ぞうげん）	increase and decrease　增减　증감
				加減（かげん）	an adjustment / modification / extent　调节、情况　가감		
				減る（へる）	decrease　减少　줄다	減らす（へらす）	decreas / reduce　使…减少　줄이다
724	努	7画	ド　つと-める	努力（どりょく）	effort　努力　노력		
				❗努める（つとめる）	try (hard) / make efforts　努力　노력하다		
725	庁	5画	チョウ	～庁（ちょう）	suffix for government office / agency　官厅 ～청	県庁（けんちょう）	a prefectural office　县政府　현청
				社会保険庁（しゃかいほけんちょう）	Social Insurance Agency　社会保险厅　사회보험청		
726	官	8画	カン	長官（ちょうかん）	a director/chief　长官　장관	警官（けいかん）	a police officer　警察　경관

練習　正しいほうに○をつけ、文の漢字にひらがなで読みを書きなさい。

① この電車は（a. 境界線　b. 環状線）なので乗り越してもまた戻ってきます。

② ボランティア活動に（a. 国境　b. 環境）はない。

③ これはこの町の人口の（a. 削減　b. 増減）を表したグラフです。

④ あの方は気象庁（a. 警官　b. 長官）です。

（答えは別冊 p.15）

ロボットと宇宙活動
宇宙機構が日本独自の長期ビジョン

宇宙航空研究開発機構（宇宙機構）は、十年後に有人ロケットの打ち上げを実現、二十年後には宇宙を行き来できる再利用型宇宙船の開発を目指すと発表した。実現には技術面でも財政面でも課題が多く、各方面の理解と協力を求めていくとしている。……

一方、○○研究所は、未経験の状況に対して自分で考えて腕や足を動かすというＡＩ（人工知能）技術の実験結果を発表、人間型ロボットにまた一歩近づけた。

---

727 宙 8画 チュウ
- 宇宙（うちゅう） the universe / outer space 宇宙 우주

728 独 9画 ドク ひと-り
- 独自（どくじ） original/peculiar 独自 독자
- 独身（どくしん） single/unmarried 单身 독신
- 日独（にちどく） Japan and Germany 日本和德国 일본과 독일
- ❗独り言（ひとりごと） speaking oneself / a monologue 自言自语 혼잣말

729 技 7画 ギ わざ
- 技術（ぎじゅつ） technique/technology/skill 技术 기술
- 技師（ぎし） an engineer/technician 技师 기사
- 競技（きょうぎ） a game/match/contest 运动比赛 경기
- 演技（えんぎ） acting/performance 演技 연기
- ❗技（わざ） an art / technique 技术 기술

730 政 9画 セイ
- 財政（ざいせい） fiscal and financial affairs 财政 재정
- 政治（せいじ） politics/government 政治 정치
- 政党（せいとう） a political party 政党 정당
- 政府（せいふ） government/administration 政府 정부

731 況 8画 キョウ
- 状況（じょうきょう） a situation/circumstances 状况 상황
- 不況（ふきょう） recession/depression 不景气 불황

732 腕 12画 ワン うで
- 腕力（わんりょく） physical strength 腕力 완력
- 腕（うで） arm 胳膊 팔，솜씨
- 腕前（うでまえ） ability/skill 才干 솜씨

練習 正しいほうに○をつけ、文の漢字にひらがなで読みを書きなさい。

① 柔道の色々な（a. 技　b. 枝）を習う。

② （a. 不況　b. 財政）に負けずに景気回復に努めよう！

③ 相撲（すもう）は相撲（すもう）でも指や（a. 腕　b. 碗）でする相撲（すもう）もあります。

④ それは日本（a. 独身　b. 独自）の考え方だと思う。

（答えは別冊 p.15）

第八週

7日目　実戦問題（じっせんもんだい）

Practice Exercise
实战问题
실전문제

制限時間（せいげんじかん）：15分
1問4点×25問

点数（てんすう）　／100

（答えは別冊 p.15）

問題1　＿＿＿の言葉の読み方として最もよいものを、1・2・3・4から一つ選選びなさい。

1　コンサート会場は<u>大勢</u>のファンで超満員になった。

1　だいせい　　2　おおせい　　3　たいせい　　4　おおぜい

2　母は<u>典型的</u>な古い日本の女性です。

1　もはんてき　　2　りそうてき　　3　でんとうてき　　4　てんけいてき

3　子供の意志も<u>尊重</u>すべきです。

1　けいじゅう　　2　そんじゅう　　3　けいちょう　　4　そんちょう

4　現代人は他人を<u>敬う</u>気持ちに欠けているのではないだろうか。

1　さからう　　2　うやまう　　3　あしらう　　4　したがう

5　<u>補足</u>説明をさせて頂きます。

1　ふそく　　2　ほそく　　3　ふぞく　　4　ほぞく

6　兄は<u>県庁</u>で職員として働いています。

1　けんちょう　　2　けんてい　　3　けんしょう　　4　けんしょ

7　<u>被告</u>は無罪を主張している。

1　はこく　　2　ひこく　　3　ふこく　　4　へこく

8　<u>犯した</u>罪をつぐなってほしい。

1　ほんした　　2　おこした　　3　はんした　　4　おかした

9　<u>環境</u>問題について考える。

1　けんきょう　　2　かんきょう　　3　かんきゅう　　4　けんきゅう

10　各国の選手たちは技を<u>競い</u>合った。

1　きそい　　2　あらそい　　3　うばい　　4　うやまい

問題2　＿＿＿の言葉を漢字で書くとき、最もよいものを1・2・3・4から一つ選選びなさい。

11　会社の信頼を回復するよう<u>つとめる</u>。

1　務める　　2　勤める　　3　努める　　4　勉める

12 日本チームは決勝でやぶれた。

1 敗れた　2 破れた　3 折れた　4 倒れた

13 湯かげんはいかがですか。

1 増減　2 加減　3 削減　4 過減

14 不況のため社員の半数がかいこされた。

1 解子　2 解放　3 解雇　4 解戸

15 奥さんの料理のうでまえはすごいですね。

1 腕毎　2 腕力　3 腕米　4 腕前

問題3 （　）に入れるのに最もよいものを、１・２・３・４から一つ選びなさい。

16 新（　）インフルエンザが流行している。

1 米　2 型　3 兵　4 星

17 外国人には選挙（　）がありますか。

1 件　2 令　3 条　4 権

18 大雨のため、各地で水（　）が起きている。

1 害　2 絶　3 爆　4 暴

19 米国のカリフォルニア（　）から来ました。

1 週　2 集　3 州　4 宗

20 野（　）から首相の発言に対して批判の声が上がった。

1 党　2 軍　3 童　4 覚

21 国は（　）額の借金があります。

1 亡　2 総　3 巨　4 満

問題4 次の（　）に入る言葉を下から選び、漢字で書きなさい。

（同じ言葉を２回使ってもよい。）

会社の長は社長、学校の長は校長、大学の長は学長で、**22**（　　）の長は総理 **23**（　　）です。厚生労働省、文部科学省、環境省など各省の長も **24**（　　）ですが、気象庁、警察庁など庁の場合は **25**（　　）と呼ばれます。

しゅしょう	ちょうかん	だいじん	せいふ

第八週

上回る・下回る
うわまわ　　したまわ

読めるかな？

I　グラフ

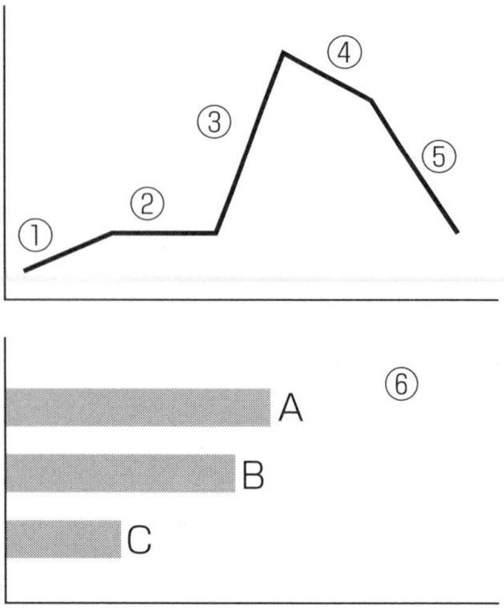

①増加する／上昇する
②横ばい／一定
③大幅に上昇する
④減少する／下降する
⑤著しく減少する／下降する
⑥AはBを上回る
BはAを下回る
Aが1位を占める

II　表

	前年比較	平年比較		
	日数（日）	日数（日）	長さ	数
A地区	＋1	0	平年並み	やや少ない
B地区	－5	－3	やや長い	やや多い
C地区	－1	－2	やや短い	平年並み

No.	漢字	画数	読み	語	意味	語	意味
733	昇	8画	ショウ / のぼ-る	上昇（じょうしょう）	rising/ascending 上升　상승		
				昇る（のぼ）	rise 上升　오르다		
734	幅	12画	はば	幅（はば）	width/breadth 幅度　폭	大幅（な）（おおはば）	substantial/large-scale 大幅度　대폭
735	著	11画	チョ / あらわ-す / いちじる-しい	著者（ちょしゃ）	an author/writer 作者　저자		
				❗著す（あらわ）	write/publish 著作　저술하다	❗著しい（いちじる）	remarkable/considerable 显著的　현저하다
736	占	5画	し-める / うらな-う	占める（し）	occupy 占有　차지하다		
				❗占う（うらな）	tell a person's fortune / forecast 算命　점치다		
737	比	4画	ヒ / くら-べる	比較（ひかく）	a comparison 比较　비교		
				比べる（くら）	compare 比较 비교하다		
738	較	13画	カク	比較的（ひかくてき）	comparative 比较　비교적		
739	並	8画	なみ / なら-べる / なら-ぶ	平年並み（へいねんな）	an average year 同往年一样 평년과 같은 수준	並木（なみき）	a row of trees 成排的树　가로수
				並ぶ（なら）	stand in a line 排列　줄을 서다	並べる（なら）	line up / set out 排列　줄지어 놓다

漢字・語彙リスト(かんじ・ごい)

Kanji and Vocabulary List　汉字・词汇目录　한자· 어휘 리스트

※ 漢字(かんじ)の並(なら)び順(じゅん)：画数(かくすう)→音読(おんよ)みのあいうえお順(じゅん)

※ No はこの本(ほん)の漢字(かんじ)の通(とお)し番号(ばんごう)（Kanji serial number 汉字连续的编号 한자의 일련번호）です。

S は初級(しょきゅう)レベルの漢字(かんじ)、●は上級(じょうきゅう)レベルの漢字(かんじ)です。（この本(ほん)では熟語(じゅくご)だけ勉強(べんきょう)します）

漢字・語彙リスト

■4画（かく）

■5画（かく）

■6画

■7画 かく

■8画(かく)

■9画（かく）

■11画（かく）

■12画（かく）

■13画（かく）

■14画（かく）

■ 15画（かく）

■19画(かく)

■20画(かく)

イラスト	あいはらひろみ
翻訳・翻訳校正	Rory Rosszell ／ Philip White ／ Ian Chun（英語） 李煒／大新書局編集部（中国語） 崔明淑／時事日本語社（韓国語）
編集協力・ＤＴＰ	りんがる舎
装丁	岡崎裕樹（アスク出版）
印刷・製本	日経印刷株式会社

「日本語能力試験」対策
日本語総まとめ N2 漢字

2010年 4月10日 初版 第1刷発行
2011年 5月30日 初版 第4刷発行

本体価格 1,200円

著 者 佐々木仁子・松本紀子
発 行 株式会社アスク出版
〒162-8558 東京都新宿区下宮比町 2-6
TEL 03-3267-6864
発行人 天谷修平

Printed in Japan
ISBN978-4-87217-727-5